UNTERRICHTSIDEEN

Fit und stark fürs Leben

Persönlichkeitsförderung zur Prävention von Aggression, Rauchen und Sucht

von

Fritz Burow
Martin Aßhauer
Dr. Reiner Hanewinkel

Grafik
Wolf-Rüdiger Burow
(unter Mitarbeit von Elfriede Rummel)

Dieses Werk entstand auf der Grundlage eines Projekts des Ministeriums für Bildung, Wissenschaft, Forschung und Kultur des Landes Schleswig-Holstein und der Europäischen Kommission (Programm Europa gegen den Krebs)

Ernst Klett Grundschulverlag
Leipzig Stuttgart Düsseldorf

Quellenverzeichnis

Text

Marianne Kreft: Sabine (S. 77). Aus: Überall und neben dir.
Gedichte für Kinder. Hrsg. H.J, Gelberg. Beltz Verlag,
Weinheim und Basel 1986, Programm Beltz & Gelberg, Weinheim.

Lieder

Starke Kinder (S. 41ff). Musik und Text: Rolf Zuckowski.
© MUSIK FÜR DICH Rolf Zuckowski OHG, Hamburg.
Ich habe einen Kopf (S. 56). Text: Rolf Krenzer. Melodie: Ludger Edelkötter.
© Impulse Musikverlag Ludger Edelkötter, 48317 Drensteinfurt.

1. Auflage 1 5 4 3 2 1 | 2002 01 00 99 98

Dieses Werk folgt der reformierten Rechtschreibung
und Zeichensetzung.
Die letzte Zahl bezeichnet das Jahr dieses Druckes.

Redaktion: Sibylle Miller, Martin Steinmann

Grafik: Wolf-Rüdiger Burow, Berlin
Elfriede Rummel, Dietmannsried
Satz: Steffen Hahn GmbH, Kornwestheim
Druck: Druckhaus Götz GmbH, Ludwigsburg
ISBN 3-12-196121-7

Gedruckt auf Recyclingpapier,
hergestellt aus 100% Altpapier

Inhalt

Hinweis:
Auf der Randspalte erfolgen die Querverweise auf die zu den Aufgaben gehörenden Kopiervorlagen wie folgt:

Vorwort

Das hier vorgestellte Projekt „Fit und stark fürs Leben“ will die Persönlichkeitsförderung an Schulen gestalten helfen. Mit Hilfe von Unterrichtseinheiten, die in Form eines Spiralcurriculums jeweils für erste und zweite, dritte und vierte, fünfte und sechste sowie siebente und achte Klassenstufen entwickelt werden, sollen Strukturierungshilfen und methodische Anregungen zur Umsetzung des globalen Zieles „Persönlichkeitsförderung“ für den Unterrichtsalltag gegeben werden. Das vorliegende Manual ist für die erste und zweite Klassenstufe vorgesehen.

Ursprünglich auf suchtprotektiven Gedanken basierend, geht dieses Projekt in seinem Ansatz weit über ein Programm etwa zur bloßen Prävention hinaus. Das Ziel der Stärkung der Persönlichkeit von Schülerinnen und Schülern bedeutet entsprechend der Empfehlungen der Weltgesundheitsorganisation (WHO, 1994a, 1994b, 1994c) Arbeit an verschiedenen sozialen Kompetenzen, am Selbstwertgefühl, Umgang mit negativen Emotionen und an Problemlösefertigkeiten, sodass sich langfristig für die entsprechenden Personen die Lebensqualität erhöht.

Im vorliegenden Manual wird zunächst der theoretische Hintergrund offen gelegt, auf dem die Unterrichtseinheiten entwickelt wurden. Zudem werden konkrete Umsetzungsmöglichkeiten sowie ihre Vor- und Nachteile erläutert. Im Anschluss daran sind zwanzig Unterrichtsvorschläge aufgeführt, die eine Übertragung der theoretischen Ziele auf den Unterricht in der Schulklasse ermöglichen. Dabei werden einzelne Übungen und Spiele detailliert beschrieben, benötigtes Material liegt als Kopiervorlage bei.

Damit die Schule mehr ist als nur ein Ort der reinen Wissensvermittlung und sie den ihr eigenen Erziehungsauftrag ernst nimmt, wird von allen Lehrerinnen und Lehrern viel Engagement und Mut, Neues auszuprobieren, gefordert. Wir freuen uns, wenn Sie den Weg dieser Unterrichtsideen wählen, um dem Ziel der Persönlichkeitsförderung an Schulen etwas näher zu rücken.

Fritz Burow
Martin Aßhauer
Dr. Reiner Hanewinkel

1 Vorüberlegungen zum Thema

1.1 Suchtprävention – Theorien und Modelle

Allgemeines

Die Schule hat als Ort der präventiven Arbeit den Vorteil, dass hier alle Kinder erreicht werden können. Daher wurden für diesen Interventionsort bereits zahlreiche Ansätze entwickelt, die im folgenden Überblick zusammengefasst wurden.

Evaluationsergebnisse zu verschiedenen Präventionskonzepten im Bereich der Schule

Konzept	Substanzspezifität	Effektivität
Informationsvermittlung	spezifisch	Wissen: + Einstellung/Verhalten: – (+)
Affektive Erziehung	unspezifisch	Wissen: entfällt Einstellung/Verhalten: 0 (+)
Alternativen zu Drogen	unspezifisch	Wissen: entfällt Einstellung/Verhalten: +
Standfestigkeitstraining	spezifisch	Wissen: + Einstellung/Verhalten: +
Lebenskompetenztraining	spezifisch + unspezifisch	Wissen: + Einstellung/Verhalten: ++

(+/–: positive/negative Wirkung, 0: keine Wirkung, ( ): jeweilige Wirkung unsicher)

(verändert nach Bühringer, 1994)

Es ist zu erkennen, dass fünf in ihrem theoretischen Ansatz unterschiedliche Präventionskonzepte voneinander abgegrenzt werden können. Aufgeführt ist, inwieweit diese Konzepte substanzspezifisch sind, d.h. ob sie konkret gegen eine einzige Substanz wie z. B. Tabak, Alkohol oder illegale Drogen Prävention betreiben wollen (substanzspezifische Konzepte) oder ob sie eher das Ziel haben unabhängig von der Art des Suchtmittels Abhängigkeit global zu verhindern (substanzunspezifische Konzepte). Der Grad der Effektivität der einzelnen Ansätze wurde von Bühringer (1994) zum einen hinsichtlich des anschließenden Wissens um die Gefahren von verschiedenen Suchtmitteln, zum anderen aber auch hinsichtlich einer Veränderung der Einstellung gegenüber solchen Substanzen und schließlich auch des Verhaltens (z. B., ob anschließend tatsächlich weniger geraucht wird) überprüft. Im Folgenden wird auf die fünf Konzepte einzeln eingegangen.

Informationsvermittlung

Die fünf Ansätze im Einzelnen

Dieser als klassisch zu bewertende Ansatz war und ist auch heute noch die schulische Präventionsstrategie. Grundannahme hierbei ist, dass rationale Entscheidungen das Verhalten in besonderer Weise beeinflussen. Konkret bedeutet dies, dass

das Wissen z. B. über das Rauchen und die negativen (gesundheitlichen) Konsequenzen des Zigarettenkonsums den Einstieg in das Rauchen verhindern soll.
Im Wesentlichen lassen sich bei dieser substanzspezifischen Vermittlung von Informationen drei Methoden unterscheiden:

Methoden

- Warnende, abschreckende Herangehensweise (z. B. Darstellung von Fotos von Raucherbeinen in Biologielehrbüchern)
- Tatsachenbezogene Strategie (z. B. Schilderung der Drogenwirkung, statistische Daten zu Abhängigkeit, Unfällen, Kosten, usw.)
- Personenbezogene Methode (z. B. Filme über Drogenkonsumenten und Diskussion ihrer Situation, Motive, Perspektiven, etc.)

Solche Programme führen allerdings meist nur zur Kenntniserhöhung, haben jedoch nur geringe oder keine Wirkung auf Einstellungen und Verhalten. Einige Studien belegen sogar, dass Abschreckung oder reine Wissensvermittlung den Konsum durch Erweckung von Neugier und Experimentierfreude erhöhen können. Als nützlich haben sich nur Informationen zu unmittelbaren, von den Schülern negativ bewerteten Effekten (z. B. gelbe Zähne durch Zigarettenrauchen) erwiesen (vgl. Künzel-Böhmer, Bühringer & Janik-Konecny, 1993). Sinnvoll scheinen auch Informationen zu sein, die Fehleinschätzungen hinsichtlich der Verbreitung von Drogenkonsum in der Bevölkerung korrigieren. Es ist belegt, dass Schüler und Schülerinnen den Gebrauch legaler und illegaler Drogen meistens überschätzen und somit falsche (und ungünstige) Normvorstellungen haben (vgl. Leventhal & Keeshan, 1993).
Angesichts dieser Erkenntnisse stellt Informationsvermittlung in neueren Präventionsprogrammen nur einen untergeordneten Teil des Gesamtkonzepts dar.

Affektive Erziehung

Dieser humanistisch ausgerichtete Ansatz betont die Entwicklung der Schülerpersönlichkeit in ihrer Gesamtheit. Dabei wird eine Stärkung des Selbstwertgefühls der Jugendlichen und der adäquate Ausdruck der eigenen Wertvorstellungen, Gedanken und Gefühle angestrebt. Der Konsum von Tabak oder von anderen schädigenden Substanzen wird innerhalb dieses Ansatzes als ein Ausdruck einer mangelnden Persönlichkeitsentwicklung angesehen. Die Prävention erfolgt aus diesem Grund völlig substanzunspezifisch. Die Inhalte werden in der Regel durch Diskussionen und unterschiedliche Klassenaktivitäten vermittelt.
Zur Beurteilung der Effektivität bestätigen verschiedene Studien (Ross, Saavedra, Shur, Winters & Felner, 1992; Tobler, 1986), dass die affektive Erziehung den Suchtmittelkonsum nicht verringert. Da in neueren und erfolgreichen Präventionsprogrammen (z. B. der Life-Skills-Ansatz, siehe S. 7) ebenfalls eine Persönlichkeitsentwicklung angestrebt wird, lässt sich folgern, dass zwar die Ziele, die die affektive Erziehung verfolgt, adäquat sind, dass jedoch ineffektive Methoden zu deren Umsetzung verwendet werden. Der entscheidende Mangel dürfte in der geringen Berücksichtigung konkreter Verhaltensübungen liegen.

Alternative Erlebnisformen

Dieser Präventionsansatz geht davon aus, dass der Konsum von Rauschmitteln positiv erlebte Gefühle wie Entspannung, Entlastung und Aufregung vermittelt, die sonst im Alltagsleben nicht erreicht werden können. Es wären also alternative Erlebnisformen zu finden, die diese Gefühle ebenfalls erzeugen können und so den „Griff zur Droge“ überflüssig machen. Bei der Umsetzung dieses Ansatzes können nach Swisher und Hu (1983, zitiert nach Künzel-Böhmer u. a., 1993) folgende Methoden unterschieden werden:

Methoden

- Durchführung verschiedener Aktivitäten (z. B. eine Bergwanderung)
- Verknüpfung bestimmter Bedürfnisse mit spezifischen Tätigkeiten auf der individuellen Ebene (z. B. der Ausbau individueller Hobbys)
- Teilnahme an vorhandenen Aktivitäten (z. B. in Sportgruppen)
- Unterstützung von Jugendgruppen bei selbst gewählten Aktivitäten (z. B. Einrichtung einer Jugendteestube)

Zur Bewertung dieses Ansatzes sind bisher wenig kontrollierte Studien bekannt. Es scheint, dass diese Programme dann Erfolge zeigen, wenn sie mit Jugendlichen aus speziellen Risikogruppen (beginnende Delinquenz, fehlende Arbeits- und Freizeitmöglichkeiten) und mit hoher Intensität durchgeführt werden.

Standfestigkeit bei sozialer Beeinflussung

Grundgedanke der so genannten Standfestigkeitstrainings ist es, die Jugendlichen mit solchen spezifischen Kompetenzen zu versehen, die es ihnen ermöglichen, in Risikosituationen einem allgemeinen Gruppendruck zu widerstehen und das Angebot zum Suchtmittelgenuss abzulehnen. In den USA werden solche Methoden deshalb auch als „Saying No“-Programme bezeichnet. Folglich konzentriert sich dieser Ansatz insbesondere auf interpersonale Beziehungen zu Gleichaltrigen („peers“). In einem behavioralen Training im Sinne der Förderung sozialer Kompetenzen kommen Techniken wie Rollenspiel, Modelllernen und positive Verstärkung zur Anwendung. So wird das „Neinsagen“ an konkreten Risikosituationen nachgespielt und eingeübt. Aufgrund dieser situationsgebundenen Vorgehensweise haben Standfestigkeitstrainings in erster Linie substanzspezifische Anteile. Zusammenfassend zeigte sich in den meisten Studien, in denen diese Methoden verwendet wurden, zumindest ein Aufschub des Konsumbeginns (vgl. Bühringer, 1994). Häufig wurden entsprechende Programme zur Prävention des Rauchens eingesetzt. Dabei können positive Effekte auch auf der Verhaltensebene als gesichert gelten (vgl. die Literaturübersicht von Vartiainen, Tossavainen, Koskela und Korhonen, 1994). Die größte Wirkung haben Standfestigkeitsprogramme aber offenbar dann, wenn sie in höheren Schulklassen (etwa ab Klasse 7) eingesetzt werden. Hier gewinnt auch der soziale Druck der „peer group“ deutlich an Relevanz. In höheren Altersstufen profitieren vor allem Schüler und Schülerinnen, die sich noch in einer „Probierphase“ befinden – viele dieser Schüler stellten nach Teilnahme das Rauchen wieder ein (nach Vartiainen u. a., 1994). Wichtig ist dabei auch die Einbeziehung von gleichaltrigen und älteren „peer leaders“.

Allgemeine Bewältigungsfertigkeiten (Life Skills)

Die Ansätze zur Förderung der Lebenskompetenzen („life skills approach“, vgl. Botvin und Tortu, 1988; Ellickson & Bell, 1990; Glynn, 1989; Lopez & Fuchs, 1990) basieren auf der Theorie des sozialen Lernens nach Bandura (1969) sowie der Theorie des Problemverhaltens nach Jessor und Jessor (1977). Sie weisen konzeptuelle Ähnlichkeiten mit den Standfestigkeitstrainings auf, da sie auch mit konkreten Verhaltensübungen wie z. B. Rollenspielen arbeiten. Die Life-Skills-Ansätze sind jedoch komplexer, da sie nicht nur in erster Linie auf individuelle Risikosituationen zugeschnitten sind. Es wird vielmehr angestrebt, *effektive Fähigkeiten zur Bewältigung schwieriger Situationen und Belastungen im sozialen und persönlichen Bereich aufzubauen*. Ähnlich wie bei der affektiven Erziehung sollen also persönliche Fertigkeiten und Stärken entwickelt werden. Bei der Umset-

zung dieser Ziele steht jedoch die konkrete, praktische Übung im Vordergrund. In gewissem Sinne stellt der Life-Skills-Ansatz also eine Kombination aus Standfestigkeitstraining und affektiver Erziehung dar.
Auch die hier dargestellte Unterrichtseinheit „Fit und stark fürs Leben" ist in die Gruppe der Lebenskompetenztrainings einzuordnen. Der Gebrauch psychoaktiver Substanzen wird dabei als sozial gelerntes und funktionales Verhalten aufgefasst, das aus einem Zusammenspiel von Einflüssen der sozialen Umwelt und personalen Faktoren wie Kognitionen, Einstellungen und Überzeugungen heraus entsteht. Kennzeichnend für diesen Ansatz ist die Integration substanzspezifischer Komponenten (z. B. konkrete Zigarettenangebote ablehnen können) in einen weitaus umfassenderen Teil zur Förderung genereller sozialer Kompetenzen und Coping-Strategien. Dem liegt die Annahme zugrunde, dass es nicht ausreicht, den Schülerinnen und Schülern etwa nur Fertigkeiten des Widerstandes gegen sozialen Druck zu vermitteln, da möglicherweise einfach die Motivation fehlt, diese Fertigkeiten einzusetzen. Vielmehr sollen die Schüler mit grundlegenden sozialen und persönlichen Kompetenzen ausgestattet werden, die ihnen helfen sollen, vordergründig positive Effekte des Rauchens (z. B. Hemmung sozialer Ängste, Stressreduktion, Problemverdrängung, Anerkennung von „peers", Zusammengehörigkeitsgefühle) auf „natürlichem" Wege zu erreichen.
Als typische Inhaltsbereiche des Life-Skills-Ansatzes können zusammenfassend aufgeführt werden:

Typische Inhaltsbereiche des Life-Skills-Ansatzes

- Vermittlung ausgewählter Informationen (z. B. Verbreitung, soziale Akzeptanz und Konsequenzen von Drogengebrauch, Prozess des Abhängigwerdens)
- Thematisierung und ggf. Modifikation des Selbstbildes (z. B. Steigerung des Selbstwertgefühls)
- Vermittlung grundlegender Bewältigungsfertigkeiten (z. B. Stressmanagement, Angstbewältigung, Entscheidungen treffen, Problemlösefertigkeiten, Entspannungsübungen)
- Training sozialer Kompetenzen (z. B. Standfestigkeit gegen sozialen Druck und Beeinflussung, Kommunikations- und Kontaktfertigkeiten)

Die Vermittlung dieser Inhalte erfolgt auf der Grundlage lerntheoretischer und verhaltensmodifikatorischer Erkenntnisse unter Verwendung von Diskussion, Rollenspielen, Entspannungsverfahren, Kontaktmanagement und Selbstinstruktionen. Die Bewertungen der vorliegenden Studien zu diesem Ansatz durch Bruvold (1993), Tobler (1986) und Künzel-Böhmer u. a. (1993) machen eine hohe Effektivität dieses Ansatzes nicht nur auf der Wissensebene, sondern auch auf der Einstellungs- und Verhaltensebene deutlich. Dabei ist die Wirksamkeit gerade bei der Prävention von Zigarettenrauchen gut belegt. Auffrischungssitzungen sowie die Einbeziehung von „peer leaders" verstärken die Effizienz dieses Ansatzes besonders in den höheren Klassen.
Der Life-Skills-Ansatz wird auch von der Weltgesundheitsorganisation (WHO, 1994a, 1994b, 1994c) aufgegriffen. Dies soll im folgenden Kapitel ausgeführt werden.

1.2 Persönlichkeitsförderung – Der Ansatz der WHO

Allgemeines

Im Folgenden werden die Grundzüge der von der Weltgesundheitsorganisation (WHO, 1994a, 1994b, 1994c) propagierten Life-Skills-Erziehung dargestellt.
Aus Sicht der WHO sollten alle pädagogischen Möglichkeiten dahin gehend ausgeschöpft werden, Schülerinnen und Schüler zu befähigen, ihr Selbstwertgefühl zu entwickeln, ihren Lebensmut zu fördern, sie zu aktiver und kreativer Lebensgestaltung zu motivieren und sie konfliktfähig für die Bewältigung schwieriger Lebensphasen zu machen.
Deshalb definiert die WHO Lebenskompetenzen (Life Skills) als

Definition der Life Skills (WHO)

„... diejenigen Fähigkeiten ..., die einen angemessenen Umgang sowohl mit unseren Mitmenschen als auch mit Problemen und Stresssituationen im alltäglichen Leben ermöglichen. Solche Fähigkeiten sind bedeutsam für die Stärkung der psychosozialen Kompetenz.“ (WHO, 1994b, S.1).

Durch eine solche Stärkung der psychosozialen Kompetenz wird auch ein entscheidender Schritt in Richtung eines gesunden Lebens getan, denn immer dann, wenn gesundheitliche Probleme durch Verhaltensweisen entstehen, die gezeigt werden, weil eine Unfähigkeit vorhanden ist, mit Problemen, Anforderungen und Stress adäquat umzugehen, genau dann kann die Stärkung der psychosozialen Kompetenz wirksam sowohl die psychische als auch die körperliche Gesundheit fördern.
Die WHO befürwortet die gezielte Förderung von Life Skills insbesondere an Schulen aber auch deshalb, weil das Vorhandensein solcher Fähigkeiten im Allgemeinen deutlich überschätzt wird. Zahlreiche Studien belegen, dass es in den unterschiedlichsten Kulturkreisen viele junge Menschen gibt, die nicht oder nur unzulänglich mit diesen Fähigkeiten ausgestattet sind. Dies könnte nach Ansicht der WHO darauf zurückzuführen sein, dass die Erziehung zu psychosozial kompetentem Verhalten in der Familie oft nicht mehr geleistet werden kann. Ohne an dieser Stelle auf die Ursachen für diesen Missstand eingehen zu wollen, seien nur ein paar Schlagwörter wie „hohe Scheidungsrate“, „Alleinerziehung“, „berufliche Zwänge“ oder „familienfeindliche Strukturen“ genannt.
Die Life Skills rücken damit in die Nähe von anderen wichtigen Kompetenzen, von denen wir auch hoffen, dass sie im Laufe ihres Lebens von jungen Menschen erlernt werden. Dies sind Fertigkeiten wie Schreiben, Rechnen und Lesen, die man ja auch nicht von allein erlernt, sondern um derentwillen wir Kinder in die Schule schicken. Es erscheint also angemessen, Life Skills an Schulen zu vermitteln und somit die Stärkung der psychosozialen Kompetenz zum Inhalt der Lehrpläne zu machen.
Die WHO schlägt konkret die Arbeit an fünf Gruppen von Life Skills vor. Diese lassen sich folgendermaßen überschreiben (modifiziert nach der WHO, 1994a):

Fünf Bereiche von Life Skills

1. Selbstwahrnehmung und Einfühlungsvermögen
2. Umgang mit Stress und negativen Emotionen
3. Kommunikation
4. Kritisches, kreatives Denken
5. Problemlösen

Diese Liste aufgezählter Basisbereiche erhebt keinen Anspruch auf Vollständigkeit. Auch sind die Kompetenzen nicht als unabhängig voneinander anzusehen. So ist es z. B. durchaus vorstellbar, dass eine verbesserte Problemlösefertigkeit zu einem effektiveren Stressmanagement führt, und der Aufbau einer individuellen Bezugsnorm, die für den Bereich des kritischen Denkens wichtig ist, geht wohl immer mit einer differenzierteren Selbstwahrnehmung einher.

Selbstwahrnehmung und Einfühlungsvermögen

Angestrebt wird in diesem Bereich zunächst ein differenziertes und reflektiertes Bild von der eigenen Person. Dies setzt Kenntnisse der eigenen Stärken und Schwächen voraus, gleichzeitig aber auch ein gewisses Maß an positivem Selbstwertgefühl und Vertrauen in die eigenen Fähigkeiten. Das Gefühl der Einzigartigkeit der eigenen Person wird gestärkt.

Steigerung des Selbstwertgefühls

Durch die Steigerung des Selbstwertgefühls sollen die Kinder unabhängiger von problematischen Maßstäben werden, die in ihrer Umwelt gelten. Dadurch läuft das Kind etwa weniger Gefahr, unkritisch Einstellungen und Verhaltensweisen aus der „peer group" zu übernehmen. Eventuell kann es auch dem Gruppendruck z. B. hinsichtlich des Rauchens besser widerstehen, da es für eine positive Selbsteinschätzung die Anerkennung der anderen in nicht so starkem Maße braucht.

Empathie

Über eine angemessene Selbstwahrnehmung hinausgehend ist der Mensch auch in der Lage, die inneren Vorgänge anderer zu erkennen und Mitgefühl zu zeigen. Empathie, d. h. das Vermögen sich in andere Personen hineinversetzen zu können, ihre Gedanken nachvollziehen und ihre Gefühle identifizieren und nachempfinden zu können, ist eine wesentliche Voraussetzung für adäquates Verhalten in zahlreichen sozialen Interaktionen. Empathische Fähigkeiten unterstützen unter anderem das Verständnis und die Akzeptanz von Personen aus anderen Kulturkreisen oder sozialen Schichten, helfen Missverständnissen und Konflikten vorzubeugen und machen nicht zuletzt auch sensibler im Umgang mit Menschen, die Hilfe benötigen. Daher sollte nach den Vorschlägen der WHO (1994a) in Verbindung mit der Selbstwahrnehmung auch Einfühlungsvermögen geschult werden.

Zur Stärkung der Selbstwahrnehmung und des Selbstwertgefühls von Schülerinnen und Schülern im Unterricht ist viel Arbeitsmaterial vorhanden, das bereits von vielen Lehrkräften in ihren Klassen verwendet wird. So wird vielfach das so genannte Ich-Buch eingesetzt, in dem die Kinder ihre ganz persönlichen Eigenschaften (z. B. Körpergröße, Gewicht und Augenfarbe), ihre ganz persönlichen Vorlieben (z. B. Hobbys, Lieblingsspeise, Lieblingsfarbe) und ihre ganz persönliche Umgebung (z. B. Familie, Freunde, Wohnort) eintragen können. Das Arbeiten am Ich-Buch führt zum Nachdenken über die eigene Person, schult die Selbstwahrnehmung und ist gleichzeitig kreativ. Werden die Ich-Bücher mit denen anderer Kinder verglichen, können auch Empathie und Toleranz gesteigert werden.

Ich-Buch

Die englische Organisation TACADE (The Advisory Council on Alcohol and Drug Education, 1993) schlägt weitere Übungen zur Selbstwahrnehmung vor, die ebenfalls die Reflexion über die eigene Person fördern sollen. Sie hält die Arbeit in kleinen Gruppen für relevant, damit die Kinder sich selbst wie auch gegenseitig besser kennen lernen und ihre Meinungen austauschen. Dies soll dazu führen, dass zum einen die eigene Position gefestigt wird, zum anderen jedoch auch die anderen Kinder als eigenständige Persönlichkeiten wahrgenommen werden. So wird betont, dass jede Person einzigartig ist und dass gerade in dieser Einzigartigkeit ein großes Potenzial zu sehen ist. Als zweiter, positiver Effekt neben dem der Suchtprävention wird dabei sicher auch die Heranführung zu mehr Toleranz und so die Verringerung von Minderheitendiskriminierung angestrebt.

Einzigartigkeit jeder Person erkennen

Das hier vorgestellte Programm greift sowohl die Ideen des Ich-Buchs als auch von TACADE auf. Die ersten vier Abschnitte dieses Programms beschäftigen sich im Wesentlichen mit Inhalten der Selbstwahrnehmung. Für die Arbeit an dieser

Dimension ist kein weiteres Vorwissen der Kinder erforderlich, denn in diesem Bereich sind sie selbst die Experten. Ein gezieltes Empathietraining findet in dieser Phase noch nicht statt, da es Kinder dieser Altersstufe überfordern würde. Allerdings wird im Kontext des Kommunikationstrainings (siehe S. 13) bereits das Erkennen von Gefühlen anhand der Mimik geübt.
Grundsätzlich bildet das Wissen um die eigene Person und ein Vertrauen in die eigenen Kompetenzen eine wichtige Voraussetzung für die weitere erfolgreiche und motivierte Arbeit an den anderen Dimensionen.

Umgang mit Stress und negativen Emotionen

Ausgeprägte Lebenskompetenz zeigt sich in diesem Bereich vor allem im effektiven Umgang mit belastenden Situationen. Die Kinder sollen wirksame Strategien zum Umgang mit Stress und negativen Emotionen wie Angst und Ärger kennen lernen. In der Folge bedeutet dies, dass viele Situationen nicht mehr als Belastung, sondern vielmehr als Herausforderung angesehen werden.
Ein in der Psychologie vielfach zur Veranschaulichung von Stressreaktionen verwendetes Modell stammt von Lazarus (Lazarus & Launier, 1981; Laux, 1983). Nach Lazarus ist von Stress immer dann zu sprechen, wenn Anforderungen aus der Umgebung oder innere Anforderungen (z. B. Werte, erwünschte Ziele) die Bewältigungsfähigkeiten einer Person beanspruchen oder übersteigen. Stress wird somit definiert als ein bestimmtes Verhältnis zwischen Anforderungen (Stressoren) und Reaktionsmöglichkeiten der Person. Aufseiten der Person spielen Bewertungsprozesse die entscheidende Rolle. Erst wenn Anforderungen auf eine bestimmte Weise bewertet werden, werden aus potenziellen Stressoren aktuell wirksame Stressoren.

Bedeutung des Bewertungsprozesses

Lazarus unterscheidet drei Kategorien von Bewertungsprozessen:

a) erste Bewertungen
b) zweite Bewertungen
c) Neubewertungen

Stresskonzept (nach Lazarus)

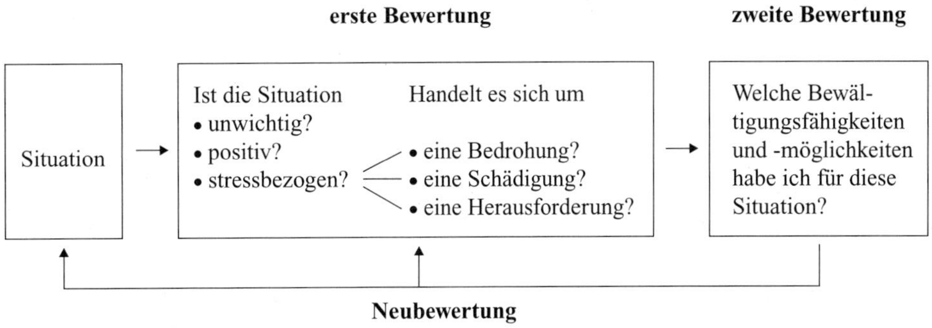

Bei der *ersten Bewertung* kann die Person die Situation entweder als unwichtig, positiv-angenehm oder als stressbezogen einschätzen. Bei einer stressbezogenen Bewertung wird die Situation daraufhin beurteilt, ob sie eine Bedrohung, eine Schädigung oder eine Herausforderung enthält.
Nun erfolgt eine *zweite Bewertung*. Die Person prüft, welche Bewältigungsfähigkeiten und -möglichkeiten konkret für diese Situation zur Verfügung stehen.
Natürlich beeinflussen sich beide Bewertungsprozesse gegenseitig: z. B. kann die Erwartung, eine bestimmte Anforderung bewältigen zu können, eine erste Bewertung als „bedrohlich“ verhindern. Die zweite Bewertung würde analog zur ersten Bewertung als stressbezogen bezeichnet, wenn die Person ihre Möglichkeiten als nicht ausreichend für eine Bewältigung der jeweiligen Anforderung einschätzt.

Bei den *Bewältigungsformen* lassen sich offene Handlungen von inneren psychischen Vorgängen unterscheiden. Zu Handlungen zählen etwa Problemlöseverhalten, Vermeidungs-, Flucht- und Angriffsverhalten, Suche nach sozialer Unterstützung, Entspannungsübungen oder Konsum von Genussmitteln. Zu den intrapsychischen Formen lassen sich z. B. Verdrängung, Verharmlosung, Ablenkung oder Selbstbemitleidung, aber auch positive Selbstermutigung rechnen.
Neubewertungen können jederzeit eine Änderung der ersten oder zweiten Bewertungen bewirken, z. B. aufgrund neuer Hinweise aus der Umgebung oder neuer eigener Überlegungen.
Dirks, Klein-Heßling und Lohaus (1993) entwickelten auf der Grundlage einer Vereinfachung des Stressmodells von Lazarus ein Programm zur Stressbewältigung im Grundschulalter, das folgende zentrale Bausteine umfasst:

Bausteine zur Stressbewältigung

1. Kennenlernen eines anschaulichen Stressmodells
2. Kennenlernen, Erproben und Bewerten neuer Bewältigungstechniken
3. Erlernen einer Entspannungstechnik

Stresswaage

Das Modell für das Stressgeschehen veranschaulichen Dirks u. a. (1993) mit Hilfe einer „Stresswaage“, die das ausgewogene Verhältnis von Belastungen auf der einen Seite und zur Verfügung stehenden Bewältigungsstrategien auf der anderen Seite symbolisieren soll. Dabei muss jedoch beachtet werden, dass dieses Programm mit Grundschülern der vierten Klasse durchgeführt wurde. In der ersten und zweiten Klasse, für die die vorliegende Unterrichtseinheit entwickelt wurde, wird das Modell der Waage als zu schwierig beurteilt.

Nachdenkstuhl

Lösungsstuhl

Dagegen findet der zweite Baustein, den Dirks u. a. (1993) vorschlagen, in dieser Unterrichtseinheit Verwendung. Durch Reflexion auf dem so genannten „Nachdenkstuhl“ und Lösungsgenerierung mittels eines Brainstormings auf dem „Lösungsstuhl“ werden innerhalb der Dimension des Problemlösens neue Bewältigungstechniken kennen gelernt und erprobt.

Bewusste Entspannung
Atemübungen

Einen wichtigen Bestandteil der Dimension „Stressmanagement“ bildet in dieser Unterrichtseinheit das Erlernen von bewusster Entspannung. Dies erscheint auch für Grundschülerinnen und -schüler der ersten beiden Klassen angemessen. Dabei wird besonders auf eine langsame Hinführung geachtet. Krowatschek (1994) schlägt verschiedene vorbereitende Übungen vor. Für jüngere Kinder eignen sich dazu Atemübungen gut. Später können Übungen, die dann den ganzen Körper ansprechen, hinzukommen. Ebenfalls werden Übungen zum Augenschließen, das manchen Kindern Probleme bereitet, vorgeschlagen. Erst wenn dies den Kindern hinreichend bekannt und vertraut ist, sollte die erste Fantasiereise durchgeführt werden.

Fantasiereisen

Fantasiereisen sind Verfahren, die vor allem die Vorstellungskraft ansprechen. Sie werden häufig zur Anwendung im Unterricht empfohlen (Krowatschek, 1994; U. Petermann, 1994; Teml & Teml, 1995), da sie von Kindern als interessanter erlebt werden als rein muskuläre Entspannungsübungen. Sie dienen der Herstellung von Ruhe (vor kognitivem und sozialem Lernen) und sind somit zur Vorbereitung von Gruppenarbeit sehr gut geeignet. Auch aktivere und motorisch unruhige Kinder werden von diesen Verfahren am ehesten angesprochen (Krowatschek, 1994).

Umgang mit negativen Emotionen

Der Umgang mit negativen Emotionen wie Angst und Ärger bildet einen weiteren Schwerpunkt dieser Dimension, da sie eng mit Stressreaktionen zusammenhängen. Lazarus und seine Mitarbeiter (Lazarus & Averill, 1972) konnten zeigen, dass Angst entsteht, wenn eine Person eine Situation als bedrohlich beurteilt („erste Bewertung“) und keine Möglichkeit zur Vermeidung oder Beseitigung der Bedrohung findet („zweite Bewertung“). Weiterhin nehmen diese Autoren an, dass bei

einer aktiven Beseitigung einer Bedrohung (z. B. durch Aggression) Ärger als begleitende Emotion auftritt.
Allgemein besteht heute Einigkeit darüber, dass bei der Entstehung und Aufrechterhaltung von Phänomenen wie Stress, Angst und Ärger vorausgehende und begleitende kognitive Bewertungsprozesse eine entscheidende Rolle spielen. Bevor in höheren Klassen stärker auf solche Bewertungsprozesse eingegangen wird, werden den Kindern der ersten und zweiten Klasse zunächst einige grundlegende Fertigkeiten und Erfahrungen zum Erkennen negativer Emotionen bei sich und anderen und zu den Ausdrucksmöglichkeiten solcher Emotionen vermittelt.

Kommunikation

Förderung der Kommunikationsfähigkeit

Hier liegt der Schwerpunkt auf verbalem wie auch nonverbalem Kommunikationsverhalten. Es wird angestrebt, den Kindern ein vielfältiges Repertoire von Ausdrucksmöglichkeiten zur Verfügung zu stellen und ihr Gespür für Stimmungen und Gefühle anderer Personen zu schulen. Eigene Gefühle können so besser differenziert und verbalisiert und Missverständnisse im zwischenmenschlichen Umgang eher vermieden werden. In diesem Bereich lebenskompetente Personen können ihre Interessen wirksam und bestimmt durchsetzen ohne die Bedürfnisse anderer zu übergehen.

Rollenspiel

Es gibt bereits verschiedene andere Programme, die zur Förderung der Kommunikationsfähigkeit sowie der sozialen Kompetenz entwickelt wurden. So stellen Petermann und Petermann (1994, 1995, 1996) Trainings mit Kindern und Jugendlichen vor, in denen sozial kompetentes Verhalten mit handlungsorientierten Methoden eingeübt wird. Dabei stellt das Rollenspiel eine wichtige Komponente zur Zielerreichung dar. Allerdings muss angemerkt werden, dass die Trainings von Petermann und Petermann hauptsächlich für den klinischen Kontext entwickelt wurden, beispielsweise für sozial unsichere oder aggressive Kinder. Dementsprechend sind sie eher für die Arbeit mit Kleingruppen geeignet, eine simple Übertragung auf den Klassenkontext griffe zu kurz. Der Einsatz von Rollenspielen ist jedoch auch in ganzen Klassen realisierbar. In der hier vorgestellten Unterrichtseinheit wird er zum Beispiel im Bereich des Problemlösens aufgegriffen. Auch beim Kommunikationstraining werden die Kinder aufgefordert sich in Kleingruppen zusammenzufinden und Gespräche mit verteilten Rollen zu führen oder so zu tun, als ob sie bestimmte Gefühle empfänden. Dies stellt eine Vorform des Rollenspiels dar und ist wahrscheinlich dem Alter der Erst- und Zweitklässler eher angemessen.
In dem hier vorgestellten Programm wurde versucht die Materialien und Übungen spezifisch auf die Bedürfnisse der Erst- und Zweitklässler zuzuschneiden. Wie in anderen Bereichen wurden daher auch beim Kommunikationstraining beispielsweise zahlreiche Bewegungsspiele integriert.

Kritisches, kreatives Denken

Eigene Ideen …

… realistische Ziele

Diesem Bereich wird Individualität im Denken zugeordnet. Ideen anderer werden nicht unreflektiert übernommen, sondern kritisch bewertet. Eigene Ideen sind kreativ. Statt sich immer wieder mit anderen zu vergleichen und so zu bewerten, wird eine individuelle Bezugsnorm (Vergleich der eigenen Kompetenzen jetzt und früher) gewählt. Sich selber realistische Ziele zu setzen, ist hier von Bedeutung.

Verknüpfung mit Problemlösefertigkeiten

Die Dimension des kritischen Denkens erscheint in den ersten Klassen stark mit Problemlösefertigkeiten verknüpft. Zudem wird man eigenständiges Denken eher

von Personen mit einem gewissen Ausmaß an positivem Selbstwertgefühl erwarten können. Auch wenn diese Dimension wichtig ist, um etwa negative Beeinflussungen durch Medien oder durch Gruppendruck zu verhindern, erscheint eine praktische Umsetzung für Schulanfänger schwierig. Hier sollten vielmehr zunächst die Voraussetzungen wie Selbstwahrnehmungs- oder Kommunikationsfertigkeiten eingeübt werden.
Dementsprechend sind auch nur wenige Forschungsergebnisse auf diesem Gebiet veröffentlicht worden. So greift beispielsweise TACADE (1993) in seiner 33 Schulstunden umfassenden Unterrichtseinheit das Thema „Kritisches Denken" nur in einer Stunde auf. In der hier vorgestellten Unterrichtseinheit wird diese Dimension mit der des Problemlösens in den Klassenstufen 1 und 2 gemeinsam behandelt. Das Hinführen zu divergentem Denken sowie die Erkenntnis, dass es meist mehr als eine mögliche Lösung für Probleme gibt, stellt in diesem Spiralcurriculum gleichsam die erste Stufe dar, von der aus später sowohl die Stufen des Problemlösens wie auch des kritischen Denkens erklommen werden können.

Problemlösen

Vermittlung von Strategien

Diese Fähigkeit zeigt sich in einer verbesserten Entscheidungsfindung. Probleme werden analysiert, konkrete Ziele gesetzt. Entscheidungsalternativen werden strukturiert gegeneinander abgewogen, Vor- und Nachteile differenziert und gewichtet. Dies scheint im Bereich der Gesundheitsförderung besonders wichtig, da schwer wiegende Probleme, die aufgrund mangelnder Fertigkeiten ungelöst bleiben, Stress erzeugen und so langfristig die körperliche Verfassung schwächen können.
Eine Verbesserung von Problemlösestrategien hat zur Folge, dass auch Selbstbild und Stressmanagement gefördert werden – die Personen machen insgesamt die Erfahrung, mit ihrem Leben besser zurechtzukommen. Aus diesem Grund sind Problemlösetrainings im klinisch-psychologischen Bereich – beispielsweise bei der Therapie von Depressionen – sehr effizient. Allerdings werden dort die Trainings meist nur in Kleingruppen durchgeführt. Zudem handelt es sich bei diesem Klientel häufig um Erwachsene, die ihre Verhaltensstile auf kognitivem Weg analysieren und modifizieren können. Für sechs- bis siebenjährige Kinder erscheint ein solcher Zugang jedoch zu theoretisch und auf den Klassenverband nur schwer übertragbar.

Selbstinstruktionstraining

Eine Ausnahme bildet ein von *Meichenbaum* (1995) entwickeltes Selbstinstruktionstraining, das seiner Meinung nach auch im Klassenzimmer angewandt werden kann. Dieses Training geht vor allem auf die Schwierigkeiten von impulsiven Kindern ein. Als Hauptziel soll das Kind erreichen, sein Handeln bewusst selbst regulieren zu können. Dazu gehören:

Ziele

- Kontrolle des verbalen und nonverbalen Ausdrucks
- das Unterdrücken von impulsiven Reaktionen
- das Beibehalten der Aufmerksamkeit gegenüber relevanten Inhalten
- die Erinnerung an die eigentliche Zielsetzung einer begonnenen Aufgabe
- Umgang mit Misserfolg

Es wird zunächst deutlich, dass Meichenbaum das Problemlösen nicht unabhängig von kommunikativen Kompetenzen sieht. Wesentliches Ziel der Selbstanweisung ist es allerdings, bei der Lösung von Problemen einmal gesetzte Ziele zu berücksichtigen. Die Problemanalyse stellt dabei einen wichtigen Aspekt dar, der durch eine Selbstinstruktion wie „Halt, denk nach!" forciert werden soll und so die impulsive Reaktion unterdrückt. Ist das Problem dann analysiert, folgt die Generierung von verschiedenen Handlungsmöglichkeiten, über die zunächst nähere

Informationen eingeholt werden können und die in einem vierten Schritt hinsichtlich ihrer Effizienz zur Zielerreichung bewertet werden. Erst dann erfolgt die Auswahl einer Handlungsalternative. Deren Erfolg wird später kritisch bewertet. Aus diesem Grund ist das Lernen des Umgangs mit Misserfolg wichtig.

Ablauf des Problemlösevorganges (nach Meichenbaum, 1995)

Schritt 1: Problemanalyse
Schritt 2: Alternativen und Möglichkeiten benennen
Schritt 3: Nähere Information besorgen, Ziele berücksichtigen
Schritt 4: Vor- und Nachteile aller Möglichkeiten auflisten
Schritt 5: Entscheidung treffen und Gründe dafür nennen
Schritt 6: Überprüfung der Entscheidung, gegebenenfalls Modifikation

Ebenso entwickelten auch *Shure* und *Spivack* (1988) ein Training zum interpersonalen, kognitiven Problemlösen speziell für jüngere Kinder. Dabei unterteilen sie den Ablauf dieses Trainings in drei Phasen. Die erste umfasst die Verbesserung des Sprachverständnisses, des Denkens und der Aufmerksamkeit. Die Kinder üben beispielsweise die Verwendung von Begriffen wie „einige – alle", „wenn – dann" oder „gleich – unterschiedlich". Der zweite Teil des Trainings umfasst den Bereich der Kommunikation und des Ausdrucks von Gefühlen. Somit sehen Shure und Spivack (1988) ähnlich wie Meichenbaum (1995) die Verbesserung der Kommunikationsfähigkeit als notwendige Voraussetzung für effektives Problemlösen an. Erst der dritte Teil des Trainings wendet sich dann den eigentlichen Problemlösekompetenzen zu. Dieser dritte Teil hat drei Schwerpunkte:

Schwerpunkte des Problemlösetrainings (nach Shure und Spivack)

- Alternativlösungen finden
- Handlungskonsequenzen erkennen
- Denken in Wenn-Dann-Beziehungen:
  Welche Lösungen führen zu welchen Folgen?

Insgesamt sprechen die vorliegenden Evaluationsergebnisse für die Effektivität des Programmes von Shure und Spivack (1988).
Zusammenfassend lässt sich festhalten, dass sowohl die Problemanalyse, die von Meichenbaum (1995) spezifiziert wurde, als auch die Generierung von Alternativen, wie sie Shure und Spivack (1988) thematisieren, wichtige Bestandteile von Problemlösetrainings sind, die sich gleichzeitig auch für die Einübung mit jüngeren Kindern eignen. Darum wird auf diese beiden Punkte in der ersten Stufe der Unterrichtseinheit besonderes Gewicht gelegt. Die Bewertung der einzelnen Handlungsalternativen bzw. das Erkennen von Handlungskonsequenzen, wie Shure und Spivack (1988) es nennen, soll ebenso wie die Komponente der Bewertung des tatsächlichen Erfolgs der gewählten Strategie zu einem späteren Zeitpunkt erlernt werden. Die vollständige Vermittlung des Problemlöseablaufs könnte die Erst- und Zweitklässler sonst eventuell überfordern.

Information/Wissen

Die Dimension Information/Wissen wurde zusätzlich zu den vorherigen in das Projekt integriert, obwohl sie nicht explizit in den Empfehlungen der WHO auftritt. Ausgewählte Informationen, wie z. B. die Schilderung bzw. Demonstration unmittelbarer negativer Effekte des Rauchens (gelbe Zähne, schlechter Atem, „Teerexperimente" etc.) oder die Aufklärung über Mythen und falsche Vorstellungen sind jedoch ein notwendiger Bestandteil von Präventionsprogrammen. Derartige substanzspezifische Informationen sind in diesem Spiralcurriculum aber erst ab den Klassenstufen 3 und 4 vorgesehen.

Aufbau eines Körperbewusstseins

Die Dimension Information/Wissen wird allerdings in den ersten und zweiten Klassen trotzdem umgesetzt, indem bei den Kindern zunächst der Aufbau eines allgemeinen Körperbewusstseins angestrebt wird. Dies bedeutet, dass die Kinder ihren eigenen Körper besser kennen lernen. Gleichzeitig stellen sie fest, dass ihr Körper einzigartig ist, was wiederum auch für die auf Seite 10 beschriebene Dimension der Selbstwahrnehmung bedeutsam ist. Dementsprechend wird die Dimension Information/Wissen in den ersten beiden Klassen fortan *Körperbewusstsein* genannt. Durch dieses verbesserte Körperbewusstsein wird in diesen Klassenstufen der Grundstein zum Verständnis der Körperfunktionen und schließlich ihrer Beeinflussung durch Tabakkonsum in den höheren Klassenstufen gelegt. Es wird deutlich, dass diese Dimension immer sehr spezifisch auf das eigentliche Ziel des entsprechenden Programmes zugeschnitten werden muss. Dies ist vermutlich der Grund, warum sie sich in die Empfehlungen der WHO, die möglichst substanzunspezifisch eine globale Richtlinie zur Erstellung suchtprotektiver Konzepte vorgeben wollen, nur schwer integrieren ließ.
Wie aber schafft man ein Körperbewusstsein bei Erst- und Zweitklässlern? Wynder und seine Mitarbeiter (z. B. Resnicow, Cross & Wynder, 1991) entwickelten dafür das „Know your Body"-Programm, ein umfassendes Curriculum, das das Wissen um gesundheitsförderndes bzw. -schädigendes Verhalten von Kindern und Jugendlichen verschiedener Altersgruppen fördern soll. In den ersten beiden Klassenstufen werden z. B. Themenbereiche wie Ernährung, Zahnpflege und körperliche Ertüchtigung behandelt. Substanzmissbrauch wird erst in der vierten Klasse thematisiert.
Im vorliegenden Manual werden solche Themen und spielerischen Aktivitäten aufgegriffen, die für Schülerinnen und Schüler der Anfangsklassen einen ersten und einfachen Zugang zu einer differenzierteren Körperwahrnehmung ermöglichen und leicht durchzuführen sind.

1.3 Das Ritual – Ablauf der Unterrichtsabschnitte

Theoretische Überlegungen

Definition

Der Begriff „Ritual" stammt ursprünglich aus dem religiös-ethnischen Bereich. So wird vom Duden (Die deutsche Rechtschreibung, 1996) ein Ritual als „religiöser Brauch, Zeremoniell" bezeichnet. Dabei machen bestimmte Sprachformeln, Gesten und Handlungen ein Ritual aus, denn „Rede und Gebärde, Gesang und Opfer – die Formen expressiven Handelns – sind die symbolischen Transformationen, die der Geist eines Stammes oder einer Völkerschaft in bestimmten Stadien ihrer Entwicklung und ihres Gemeinschaftslebens natürlicherweise hervorbringt." (Langer, 1990, S. 58).
Seit jeher ist das Ritual die Sprache der Religion. So gab es Gebets- oder Opferriten (die zum Teil noch heute ausgeführt werden), die sich in einer bestimmten, festgelegten Zeremonie vollzogen. Dieses vorgeschriebene Ritual schuf Gemeinschaft unter den Vollziehenden, eine Art soziale Solidarität. Verstöße gegen die Einhaltung des Rituals bewirkten Sanktionen, beispielsweise einen Ausschluss aus der Gemeinschaft. Die Zeremonie bzw. das Ritual wurde zumeist unverändert von Generation zu Generation weitergegeben.
Zu allen Zeiten und in allen Kulturen dienten Rituale auch dazu, Übergänge zu vollziehen und kenntlich zu machen, z. B. durch „Initiationsriten". Später entwickelten sich Rituale ebenfalls in den Bereichen Familie, Alltag und Schule.

Familienrituale

Jede Familie besitzt Rituale. Diese Rituale stellen eine Verbindung zur Vergangenheit dieser Familie her, beeinflussen ihr gegenwärtiges Leben und zeigen einen

Weg in die Zukunft auf, indem Zeremonien, Traditionen, Objekte, Symbole und Formen des Zusammenseins, die bereits zum Teil von früheren Generationen stammen, an nachfolgende Generationen weitergegeben werden. Dabei sind die in den Ritualen enthaltenen Symbole oder symbolischen Handlungen effektive Mittel, um Erinnerungen wachzurufen. Da sie handlungsorientierte Elemente enthalten, sprechen Rituale alle Altersgruppen an.
Familienrituale bieten so zum einen die Möglichkeit eine Verbundenheit zwischen der Geschichte einer Familie und den individuellen Lebenswegen ihrer Mitglieder herzustellen. Ferner können sie ein Gefühl der Familienzugehörigkeit und der persönlichen Identität vermitteln. Zum anderen bieten Rituale Orientierungspunkte, die in der heutigen Zeit von vielen Menschen gesucht werden. Dies erscheint besonders wichtig, da sich die Familienstruktur im Laufe der Zeit grundlegend gewandelt hat. So gibt es multikulturelle Familien oder Menschen, die durch Ehescheidung oder Wiederheirat zu mehr als einer Familie gehören. Rituale können dann eine Hilfe zur Bewältigung familiärer Veränderungen darstellen, denn sie verbinden Menschen und würdigen das jeweilige kulturelle Erbe (Imber-Black & Roberts, 1993).

Alltagsrituale

Alltagsrituale wie Essen, Schlafen, Grüßen vermitteln ein Gefühl für den menschlichen Lebensrhythmus, da sie den (All-)Tag in Abschnitte gliedern. Sie sorgen für Kontinuität und Sicherheit, sodass nicht jeden Tag beispielsweise die Essenszeit oder die Sitzordnung am Tisch zwischen Familienmitgliedern ausgehandelt werden müssen. Es handelt sich jedoch nicht um Routine, wenn zum Beispiel ein Kind seinen Teddy beim Einschlafen im Arm hält. Das Symbol, der Teddy, bedeutet für das Kind zusätzlich Schutz, Nähe und Geborgenheit.

Rituale in der Schule

In Bezug auf die Schule stellen Rituale Symbolhandlungen dar, die von den Beteiligten sofort verstanden werden. Ein Ritual wirkt signalhaft und kann verbal oder auch mit Hilfe gestischer Symbole vermittelt werden. Die Wirkung entfaltet sich in einer Art szenischen Mitvollzugs, nicht aufgrund von Reflexion.
Ein Merkmal eines Rituals ist dessen zyklische Wiederholbarkeit, durch die es gewissermaßen tradiert wird. Dadurch entsteht u. a. eine Rhythmisierung des gemeinschaftlichen Lebens. Genauso gibt es auch im Unterricht Rituale, die den Unterricht strukturieren und dem Zusammenleben und -arbeiten eine verlässliche Orientierung geben. Nach Einführung eines Rituals stellt dies etwas Vertrautes und Bekanntes für die Schülerinnen und Schüler dar und kann Stabilität, Verlässlichkeit, Sicherheit und Vorfreude vermitteln, also „Halt“ bieten. Somit können Rituale innerhalb der Schule eine Orientierungshilfe bieten, die der in den letzten Jahren zunehmenden Vereinzelung, Unsicherheit und Orientierungslosigkeit der Kinder außerhalb der Schule entgegentreten könnte.

Konfliktreduzierung

Auch dienen Rituale der Konfliktreduzierung, indem sie unter Beteiligten Gemeinsamkeit über Interessengegensätze hinweg schaffen. Dennoch dürfen Rituale die Schülerinnen und Schüler nicht nur zu einer kritiklosen Anpassung veranlassen oder ritualisierte Umgangsformen zu schablonenhaften Reaktionen führen, sodass die äußere Form wichtiger wird als der Inhalt und die eigentlichen Ziele (Steffensky, 1984).
Hinzu kommt, dass Rituale – im Unterschied zu Regeln und Verboten – nicht nur einen rationalen Kern haben, sondern eben auch eine bestimmte Symbolkraft entfalten, die schwer rational fassbar ist. Meyer (1980) gibt zu bedenken, dass durch Unterrichtsrituale auch institutionelle Macht ausgeübt wird und unter Umständen Bedürfnisse und Interessen der Schüler und Schülerinnen unterdrückt werden. Er wirft die Frage auf, ob Rituale unausweichlich die hierarchische Struktur des Unterrichts festigen oder inwiefern demokratische Rituale entwickelt werden können,

in denen sich die Beteiligungsmöglichkeiten aller Schülerinnen und Schüler am Unterricht erhöhen würden.

Flexibilität notwendig

Also darf die den Ritualen eigene Kontinuität nicht bedeuten, dass diese nicht modifiziert werden könnten. Eine Grundvoraussetzung dafür, dass Rituale sinnvoll eingesetzt werden können, ist die, dass sie angenommen werden. Führt die Lehrkraft ein Ritual ein, das die Schülerinnen und Schüler nicht von sich aus „einfordern“, so reduziert sich die Funktion des Rituals auf ein bloßes Disziplinierungsmittel und entspricht somit nicht dem intendierten pädagogischen Ziel. In diesem Fall sollte das Ritual verändert bzw. abgeschafft werden.
Das Verwenden von Ritualen im Unterricht und die dadurch erzeugte Spannung von Freiheit und Verlässlichkeit, von Spontaneität und Regelbindung erfordert somit kritische Reflexion seitens der Lehrkraft.

Allgemeiner Ablauf der Unterrichtsabschnitte

Die Gestaltung der Unterrichtseinheit umfasst neben der Umsetzung der von der WHO vorgesehenen Dimensionen im Hauptteil der einzelnen Abschnitte ebenfalls ein Ritual, dessen fünf immer wiederkehrende Punkte zum einen der Strukturierung der einzelnen Abschnitte dienen, zum anderen auch den Kindern das Wiedererkennen der Unterrichtseinheit erleichtern. So kann leichter an bisher in dieser Einheit Gelerntes angeknüpft werden (kontextabhängiges Lernen).

Leitfigur „Igor Igel“

Aus demselben Grund tritt zur Veranschaulichung der unterschiedlichen Inhalte der verschiedenen Abschnitte immer wieder das Maskottchen *„Igor Igel“* auf. Dieser agiert zum einen als Modell, indem er den Kindern als Cartoon das angestrebte Verhalten vormacht, zum anderen dient er dem Wiedererkennen der Unterrichtseinheit, sodass bereits gelernte und im Gedächtnis verankerte Inhalte leichter zugänglich sind. In erster Linie aber ist Igor Igel natürlich der Sympathieträger, der die Unterrichtseinheit kindgerechter macht und so den Spaß an der Arbeit fördert. Das in dieser Unterrichtseinheit eingesetzte Ritual umfasst eine gleich bleibende Reihenfolge der folgenden Gliederungspunkte:

Das Ritual der Unterrichtseinheit

1. Eröffnung
2. Besprechung der Hausaufgabe (an den dafür vorgesehenen Tagen)
3. Entspannungsteil
4. Hauptthema
5. Neue Hausaufgabe (an den dafür vorgesehenen Tagen)
6. Gemeinsamer Abschluss

Dabei ist dieses Ritual keinesfalls als starr anzusehen. Es gibt durchaus Abschnitte, in denen es angemessen ist, die Entspannungsübung bereits vor der Besprechung der Hausaufgabe durchzuführen. Auf der anderen Seite gibt es Abschnitte, in denen die Entspannung Teil des Hauptthemas ist (z. B. wenn der Umgang mit Angst oder Wut thematisiert wird). In manchen Abschnitten ist zudem keine Hausaufgabe zu besprechen bzw. zu verteilen. Dann entfällt dieser Gliederungspunkt natürlich. Im Folgenden wird auf die einzelnen Gliederungspunkte gesondert eingegangen.

Eröffnung

Besonders in der ersten und zweiten Klasse ist es sinnvoll, die einzelnen Abschnitte mit einer kleinen Eröffnung zu beginnen. Dies kann durch das Singen oder Hören eines Liedes oder durch eine Gesprächsrunde geschehen. Ziel dieser Eröffnung ist es, den Kindern ein wenig Zeit zu geben sich in den Unterricht und die spezifischen, nun geltenden Regeln einzufinden. Zudem werden, wenn das Lied bzw. die

Gesprächsrunde bereits aus vorherigen Unterrichtsstunden bekannt ist, Assoziationen zur vorherigen Stunde geweckt. Der Zugang zu in diesen Stunden bereits Gelerntem ist damit erleichtert (Theorie der semantischen Netzwerke).
In der Unterrichtseinheit wird zur Eröffnung der einzelnen Abschnitte ein abwechslungsreicher Gebrauch zweier Lieder und des Morgenkreises vorgeschlagen:

Alternative 1: Lied: Starke Kinder

Dieses Lied dient vor allem der Identifikation mit dem Projekt. Nach den bisherigen Erfahrungen mögen es die Kinder sehr und singen auch gerne mit. Da das Lied sehr rhythmisch ist, animiert es auch zum Mittanzen. Die Wahl des besten Zeitpunktes zur Besprechung des Liedtextes liegt im Ermessen der Lehrkraft. Der Text und die Noten sind innerhalb der Unterrichtsvorschläge abgedruckt. Das Lied ist auf der CD / MC „Starke Kinder“ enthalten (Polydor CD 841 615-2 und MC 841 615-4).

Alternative 2: Lied: Ich habe einen Kopf

Dieses Lied kann von den Kindern leicht mitgesungen werden. Unterstreichende, zeigende Gestik macht das Lied für Sechs- bis Achtjährige zusätzlich interessant. Es sollte speziell zu Beginn der Abschnitte, die als Hauptthema die Dimension Körperbewusstsein behandeln, eingesetzt werden, um die Aufmerksamkeit der Kinder bereits in der Eröffnungsphase auf den eigenen Körper zu lenken. Außerdem ist die Verwendung von „Ich habe einen Kopf“ in den Abschnitten, die die nonverbalen Aspekte von Kommunikation behandeln, sinnvoll. Noten und Text dieses Liedes sind im Anhang aufgeführt.

Alternative 3: Morgenkreis

Beim Morgenkreis handelt es sich um eine Gesprächsrunde der Kinder. Dabei kann jedes Kind kurz zu einem vorgegebenen Thema Stellung nehmen. Die Sprecherrolle des jeweiligen Kindes kann zusätzlich durch einen Erzählstein oder -hut, den das jeweilige Kind in den Händen oder auf dem Kopf trägt, festgeschrieben werden. Alle anderen Kinder haben dann die Aufgabe still zu sein. Der Morgenkreis findet vor allem in solchen Abschnitten statt, in denen anschließend das Hauptthema Kommunikation bearbeitet werden soll. Manchmal bietet es sich aber auch an, den Morgenkreis einzuführen, um auf den vorherigen Abschnitt Bezug zu nehmen und das dort behandelte Thema erneut aufzugreifen.

Hausaufgaben

Selbstbeobachtungsaufgaben

Bei den Hausaufgaben handelt es sich vor allem um Selbstbeobachtungsaufgaben, die jeweils ca. eine Woche lang durchgeführt werden sollen. Diese Aufgaben werden in jedem zweiten bis dritten Abschnitt aufgegeben. In den Abschnitten, in denen die vorherige Hausaufgabe besprochen wird, wird im ruhigen Ausklang des Abschnittes meistens eine neue Beobachtungsaufgabe verteilt.
Die Erledigung der Aufgabe ist immer gleich: Die Schülerinnen und Schüler sollen sich selbst eine Woche lang beobachten. Durch diese Art der Selbstbeobachtung sollen adäquate Verhaltensweisen zusätzlich eingeübt und im alltäglichen Umgang mit anderen schließlich manifestiert werden. Dies geschieht in Anlehnung an Petermann und Petermann (1994) mit einem kindgerecht gestalteten Selbstbeobachtungsbogen, dem so genannten Detektivauftrag.

Beispiel eines Detektivauftrags

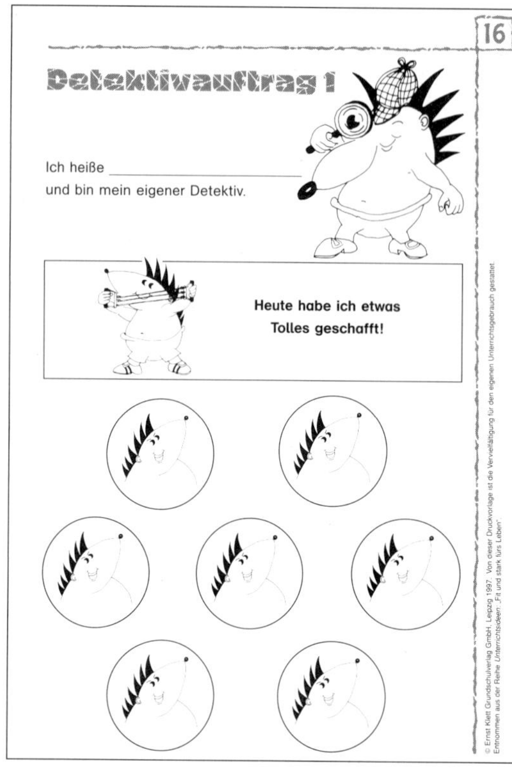

Die Verhaltensweisen, die im Laufe der Woche beobachtet werden sollen, entsprechen thematisch den einzelnen Abschnitten der Unterrichtseinheit und somit dem jeweiligen Hauptthema der Stunde:

Themen der Beobachtungsaufgaben

Abschnitt	Hauptthema	Beobachtungsregel
4	Meine Familie und ich	Heute habe ich etwas Tolles geschafft.
7	Entspannung lernen	Ich habe mich heute prima entspannt.
9	Du erzählst mir etwas	Regel nach Wahl
11	Wie ich mich manchmal fühle	Heute habe ich bemerkt, dass .... traurig oder fröhlich war.
13	Wenn ich Angst habe	Ich habe mich heute prima entspannt.
16	Igor denkt erst einmal nach	Heute habe ich an das Stop-Schild gedacht.

Bei der Einführung der Detektivaufträge wird den Kindern erklärt, dass sie in den nächsten sieben Tagen (bzw. in dem Zeitraum bis zur geplanten Besprechung der Hausaufgabe) stets eine bestimmte Verhaltensweise an sich selbst beobachten sollen, d.h. sich selbst „wie ein Detektiv auf der Spur" sein sollen (manchmal sollen auch Verhaltensweisen anderer Personen beobachtet werden). Am Abend, bevor sie schlafen gehen, sollen sie dann überlegen, ob sie diese Verhaltensweise beobachtet haben. Wenn sie beispielsweise nach der Behandlung des Abschnittes „Entspannung lernen" versuchen sich zu entspannen, dann kreuzen sie an dem Tag einfach den lachenden Igor Igel an oder malen ihn aus. Dies symbolisiert die Aussage: „Ja, heute habe ich mich entspannt". So wird die Aufmerksamkeit an jedem Abend noch einmal auf das betreffende Verhalten gelenkt. Zusätzlich wird dem Kind ein Erfolgserlebnis vermittelt.

Entspannungsteil

Atemübungen

Nach der Eröffnung und dem Besprechen der Hausaufgaben ist in jedem Abschnitt ein kurzer Entspannungsteil geplant, der die Dimension Stressmanagement praktisch umsetzt. Dabei ist vorgesehen, dass die Kinder über die ersten sechs Abschnitte hinweg langsam an die Entspannung herangeführt werden. Darum enthalten die ersten drei Abschnitte in diesem Teil des Rituals einfache Atemübungen.

Ganzkörperentspannung

Vom vierten bis zum sechsten Abschnitt kann dann eine Ganzkörperentspannungsübung (Die Marionette) durchgeführt werden, die eine weitere Hinleitung auf die erste Fantasiereise darstellt, die im siebten Abschnitt Hauptthema wird. Es wird empfohlen, für diese erste Fantasiereise einen ganzen Abschnitt zu verwenden, damit genügend Zeit für die Vorbereitung und die anschließende Aufarbeitung bleibt. Dabei kann in der Vorbereitungszeit je nach Ermessen der Lehrkraft die Atemübung, die „Marionette" oder auch eine Übung zum Erlernen einer angenehmen Sitzhaltung durchgeführt werden. Eine solche Vorbereitung macht ein positives Erleben der ersten Fantasiereise der Kinder wahrscheinlicher.

Fantasiereise

In den Abschnitten, die sich mit der Körperwahrnehmung beschäftigen, wird ebenfalls auf die erste Fantasiereise hingearbeitet, denn in diesen Abschnitten kommen verschiedene Spiele zur Anwendung, bei denen die Schülerinnen und Schüler die Augen schließen sollten (z. B. Blinde-Kuh-Spiel, Blindenführung, taktiler Berührungsreiz). Dieses schafft Vertrauen in der Klasse, und das Augenschließen bei der Durchführung der Fantasiereise wird so erleichtert bzw. nicht länger als unangenehm empfunden. Sollten doch noch einige Kinder Schwierigkeiten mit dem Augenschließen haben, können im Vorfeld spielerische Übungen zum Augenschließen erfolgen (Material im Anhang: „Der etwas andere Morgen").
Wenn die einfachen Entspannungsformen beherrscht werden, folgt die erste Fantasiereise. Sie wird fortan im Entspannungsteil jedes Abschnittes durchgeführt.
Das Thema der verwendeten Fantasiereise sollte den Kindern auf der einen Seite vertraut sein, auf der anderen Seite aber auch nicht als langweilig empfunden werden. Aus dem gleichen Grund sollte es sich in den nachfolgenden Stunden zwar ähneln, in Einzelheiten aber immer wieder abgewandelt sein, um Langeweile zu vermeiden. Die Auswahl der Fantasie-„Ballonreise" ist nach diesen Kriterien geschehen. Während dieser Geschichte werden Dinge beschrieben, die man von einem Ballon aus sehen kann. Dabei sollte in allen Abschnitten das Thema der Fahrt mit dem Ballon beibehalten werden, um das Gefühl der Vertrautheit aufrechtzuerhalten. Allerdings kann in einzelnen Stunden der Schwerpunkt der Geschichte gezielt verlagert werden, sodass beispielsweise in der ersten Stunde das Einsteigen in den Ballon betont und differenziert beschrieben wird, in der zweiten Stunde könnte der Ballon über die Stadt, in der dritten über einen Wald mit allerlei Tieren schweben usw. Der Fantasie der Lehrkraft sind hierbei keine Grenzen gesetzt.
Zusätzlich können auch Störgeräusche, die im Schulkontext immer wieder vorkommen, in die Entspannung integriert werden. Auch Aufforderungen an einzelne, eventuell störende Kinder können in die Geschichte eingewoben werden, z. B. „Sabine, halte bitte die Beine ruhig, damit der Ballon nicht zu sehr schaukelt."
Alternativ können jedoch auch andere Geschichten verwendet werden. Anregungen dafür bieten z. B. die Kapitän-Nemo-Geschichten (vgl. U. Petermann, 1994) oder die Fantasiereisen von Teml und Teml (1995).

Rückmelderunde

Insbesondere nach der ersten Fantasiereise sollte eine gründliche Aufarbeitung erfolgen. Es bietet sich an, eine Rückmelderunde durchzuführen, in der jedes Kind

sagen kann, wie es die Entspannung empfunden oder was es gesehen hat. Nach Anregung von Krowatschek (1994) ist es förderlich, wenn die Lehrkraft dabei Blickkontakt mit dem Kind hält und sich anschließend für die Rückmeldung – egal wie kurz oder ausführlich sie war – bedankt. Dadurch fühlen sich die Kinder ernst genommen, und dies trägt zu einer langfristigen, positiven Bewertung der Fantasiereise durch die Kinder bei.
Besonders in den ersten Abschnitten, in denen eine Fantasiereise durchgeführt wird, muss keine vollständige Entspannung erreicht werden. Auch wenn Kinder zunächst angeben nichts gesehen oder gefühlt zu haben, ist das Ziel der Entspannung oftmals schon erreicht, wenn sie nur zugehört haben. Mit der Zeit können sich die Empfindungen der Kinder durchaus steigern, sie können sich die Reise bildhafter vorstellen oder werden vielleicht auch mutiger über das Gesehene zu sprechen.

Hauptthema

In diesem Teil des jeweiligen Abschnittes wird gezielt an einer der von der WHO vorgeschlagenen Dimensionen gearbeitet. Mit Hilfe von kindgerechten Methoden wie Malen, Zeichnen, Kneten und Basteln wird in die jeweiligen Themen eingeführt. Zudem wird auf einen methodischen Abwechslungsreichtum der Übungen in jedem Abschnitt geachtet, sodass z. B. nach einer konzentrierten Stillarbeit ein Bewegungsspiel durchgeführt wird.

Methodenvielfalt

Außerdem werden die Kinder spielerisch an die Methode des Brainstormings und der Gruppendiskussion herangeführt. Diese werden vor allem zur Erarbeitung ganz neuer Themen verwandt, beispielsweise bei der Einführung verschiedener Kommunikationsregeln. Allerdings endet die Bearbeitung des Themas meist nicht mit diesem bloßen Gespräch, sondern es wird vielmehr darauf geachtet, dass die Kinder die Inhalte im Anschluss an die eher theoretische Darstellung handlungsorientiert einüben. Dies geschieht häufig in Kleingruppen. Dabei hat es sich als hilfreich erwiesen, die Kinder in Dreiergruppen einzuteilen, wobei stets zwei Kinder als Akteure fungieren und das dritte als Beobachter der Situation. Nach einer Weile werden dann die Beobachter- und Akteurrollen getauscht. Dies ist besonders wichtig, da so der Perspektivenwechsel der Kinder forciert wird und sie sich besser in verschiedene Rollen einfühlen können. Im Anschluss an diese Gruppenarbeit kann dann wiederum im Klassenverbund geklärt werden, was leicht oder schwierig umzusetzen war oder welche Gefühle die Kinder bei dieser Kleingruppenaktivität empfanden.

Kleingruppenaktivitäten

Im weitesten Sinne stellen diese Übungen eine Vorform der komplexeren Rollenspiele dar – einer sehr effizienten Methode zur Einübung und zum Ausprobieren neuer Verhaltensweisen. Auch die vorgeschlagenen Puppenspiele und „alsob"-Übungen sind Hinführungen zum Rollenspiel, das dann in höheren Klassenstufen durchgeführt wird.

Rollenspiel

Gemeinsamer Abschluss

Jeder Abschnitt endet mit diesem Teil des Rituals. In Abhängigkeit vom jeweiligen Hauptthema beinhaltet der „gemeinsame Abschluss" Gespräche über Alltagssituationen, in denen das im abgeschlossenen Abschnitt erlernte Verhalten gezeigt werden kann, oder auch Spiele, in denen das Stundenthema umgesetzt werden soll. Nach einem Abschnitt, der sehr konzentrierte Mitarbeit erforderte, kann sich der „gemeinsame Abschluss" auch einmal aktionsreich gestalten, indem ein Bewegungsspiel veranstaltet wird.

Positive empfundene Aktivität am Ende

Ziel dieses Teils ist es in jedem Fall, dass die Kinder den Abschnitt gemeinsam mit einer Aktivität beenden, die allen Spaß macht und nicht die Gefahr von Misserfolgen in sich birgt. Dadurch wird die Einheit und somit auch das gelernte Verhalten mit positiven Gefühlen gekoppelt. Dies ist insofern entscheidend, als positiv bewertete Inhalte der einzelnen Abschnitte im Alltag von den Kindern eher umgesetzt werden.

1.4 Elternarbeit

Elternversammlung

Um die Unterrichtseinheit wirkungsvoll durchzuführen, ist eine enge Zusammenarbeit mit den Eltern der Schülerinnen und Schüler der Klasse anzustreben. Spätestens wenn die Kinder die neuartige Hausaufgabe in Form der Detektivaufträge zu Hause verwenden oder zeigen, werden die Eltern auf dieses Projekt aufmerksam werden. Es erscheint allerdings sinnvoll, nicht erst auf die Reaktion der Eltern zu warten, sondern diese ganz bewusst in den Ablauf der Unterrichtseinheit zu involvieren. Dafür sollte auf jeden Fall im Voraus eine Elternversammlung stattfinden, auf der die Ziele und Inhalte der Unterrichtseinheit offen gelegt, kennen gelernt, geübt und diskutiert werden.
Die Erfahrung zeigt, dass Eltern in der Regel stark an Präventionskonzepten gelegen ist. Ein Elternbrief, der zu einer Einführungsveranstaltung einlädt, könnte wie folgt aussehen:

Elternbrief

Liebe Eltern,
im kommenden Schulhalbjahr wird unsere Klasse ... und somit auch Ihr Kind an dem Projekt „Fit und stark fürs Leben“ unter Leitung der Lehrerin teilnehmen.
Ziel des Projektes ist die Persönlichkeitsförderung von Kindern an den Grundschulen, die u. a. als wirksames Mittel zur frühzeitigen Suchtprävention gilt (Rauchen, Süßigkeiten, Fernsehen, Computerspiele usw.). Da bisherige Ansätze wie die reine Vermittlung von Informationen im Heimat- und Sachunterricht und warnende Abschreckung im Biologieunterricht wenig Wirkung auf Einstellung und Verhalten der Schülerinnen und Schüler zeigten, folgt dieses Programm den Empfehlungen der Weltgesundheitsorganisation (WHO), die die Arbeit an so genannten Life Skills (praktische Lebenskunde/-kompetenz) von Kindern fordert. Dabei soll es um die Verbesserung und Förderung der Fähigkeiten der Kinder in folgenden Punkten gehen:

1. Selbstwahrnehmung und Einfühlungsvermögen
2. Umgang mit Stress und negativen Emotionen
3. Kommunikation
4. Kritisches / Kreatives Denken
5. Problemlösen
6. Information / Wissen

Während einer ca. 20-stündigen Unterrichtseinheit werden die persönlichkeitsfördernden Elemente spielerisch eingeübt.
Wir bitten Sie bei diesem Projekt um Ihre Unterstützung. Genauere Informationen über die Inhalte und spielerischen Übungen erhalten Sie auf der nächsten Elternversammlung. (Termin ...)

Mit freundlichen Grüßen

1.5 Das Spiralcurriculum

Persönlichkeitsförderung, wie sie dieses Projekt anstrebt, dient auch der Gesundheitsvorsorge, denn durch die Stärkung der Life Skills kann auch Suchtprävention (vergl. Kap. 1.1) betrieben werden. Langfristig kann so auch ein Beitrag zur Vorbeugung schwerwiegender, durch das Rauchen begünstigter gesundheitlicher Probleme wie Herz-Kreislauf-Erkrankungen und Krebs geleistet werden.
Darum wurde dieses Projekt im Rahmen des 3. Aktionsplans „Europa gegen den Krebs" von der Europäischen Union gefördert. In Zusammenarbeit mit Dänemark haben die Bildungs- und Kultusministerien der Länder Schleswig-Holstein und Mecklenburg-Vorpommern ein Spiralcurriculum erarbeiten, das die Persönlichkeitsförderung zum festen Bestandteil des Schulalltags macht und gleichzeitig konkrete Hilfen bei der Umsetzung im Unterricht gibt.
Es ist notwendig, Life Skills bereits in jungen Jahren zu vermitteln. Nur so kann gewährleistet werden, dass Kinder und Jugendliche ihre psychosoziale Kompetenz stärken und mit gesunden und positiven Strategien ausgestattet werden, die sie zur Bewältigung bevorstehender Herausforderungen – wie den Umgang mit Frustrationen, Aggressionen und Stress oder mit dem Angebot legaler und illegaler Suchtmittel – benötigen. Ein sich über viele Jahre erstreckendes Spiralcurriculum erscheint hier deshalb als besonders sinnvoll, weil es eine an die Entwicklung der Kinder und der Umweltbedingungen optimal angepasste Förderung ermöglicht. Das bedeutet, dass

a) immer die Themen behandelt und die Fertigkeiten vermittelt werden, die für den jeweiligen Lebensabschnitt des Kindes am relevantesten sind.
b) die Inhalte so gestaltet werden können, dass sie aufeinander aufbauen und in altersadäquater Form wiederholt werden können.

Klasse 1/2: Primärpräventiv – substanzunspezifisch

Die Umsetzung erfolgt in den ersten Jahren rein primärpräventiv und noch relativ substanzunspezifisch, d. h. nicht etwa direkt auf das Rauchen bezogen. In den ersten zwei Klassen wird die erste Phase des Spiralcurriculums durchlaufen, indem grundlegende soziale Fertigkeiten und Bewältigungsformen spielerisch erprobt und eingeübt werden. Daran schließt sich eine darauf aufbauende Unterrichtseinheit für die Klassenstufen 3 und 4 an. Die grundlegenden Life Skills werden nun auf eine der fortgeschrittenen psychosozialen Entwicklung der Kinder angepasste Weise weiter gefördert.
Danach folgen weitere Unterrichtseinheiten auch für die Klassenstufen 5 und 6 sowie 7 und 8. Da viele Jugendliche in diesem Alter bereits erste Erfahrungen mit dem Rauchen gemacht haben, müssen sich die in diesem Rahmen entwickelten Programme zunehmend konkreter mit dem Tabakkonsum beschäftigen. Dies geht über einen rein primärpräventiven Ansatz hinaus, denn nun soll vielmehr verhindert werden, dass sich das gelegentliche Probieren zu einem gewohnheitsmäßigen Verhalten entwickelt.
Schüler und Schülerinnen zu lebenskompetenten Persönlichkeiten zu erziehen, ist eine Aufgabe, die nicht in einer Unterrichtseinheit erfüllt werden kann, sondern erwartet vielmehr Engagement über die gesamte Schulzeit hinweg. Dazu möchte das Spiralcurriculum einen kleinen Beitrag leisten.

1.6 Persönlichkeits- und Gesundheitsförderung in der Schule

Internationale Ebene

Gesundheitserziehung und Gesundheitsförderung in Schulen sind auf nationaler und internationaler Ebene seit längerem zunehmend in das Gesichtsfeld schulischer Entwicklung getreten. Auf internationaler Ebene hat die Weltgesundheitsorganisation (WHO) mit der „Ottawa-Charta" vom 21.11.1986 und den „Adelaide-Empfehlungen" vom 9.4.1988 eine globale Strategie zur Gesundheitsförderung und Angleichung der Gesundheitspolitik einschließlich der Präventionsmaßnahmen im Bildungsbereich eingeleitet.
Die „Ottawa-Charta" entwickelt ein neues Leitbild zur Gesundheitsförderung in der Schule, der Medizin und der Gesamtpolitik. Gemeinsam werden diese Institutionen beauftragt eine gesundheitsförderliche Lebenswelt für Kinder und Erwachsene zu schaffen. Ein wesentlicher Teil in der Aussage der „Ottawa-Charta" ist die Entwicklung der persönlichen Kompetenzen. So muss die allgemeine Schulbildung das Ziel haben Menschen zu befähigen selbst mit ihren körperlichen Signalen umzugehen und ihr eigenes Leben gesundheitsgerechter zu gestalten. Eine gezielte Institutionalisierung der Gesundheitsförderung wird inzwischen in vielen Lehrplänen der Länder und in Fortbildungsangeboten für Lehrerinnen und Lehrer deutlich. Gesundheitsförderung gehört somit zu den wesentlichen Aufgaben, auf die schulische Erziehung Einfluss nehmen muss.

Bundesrepublik Deutschland

1992 bereits wurde von der Kultusministerkonferenz der Bundesrepublik Deutschland eine gemeinsame inhaltliche Basis zur Gesundheitserziehung bzw. Gesundheitsförderung geschaffen: „Gesundheitsrelevante Einstellungen lassen sich nicht allein über die Informations- und Wissensvermittlung in Schulen anbahnen. Ganzheitliche Konzepte und die Einbeziehung zu verantwortlicher Selbstbestimmung erhalten in der Schule zunehmend Bedeutung. Gesundheitserziehung wird somit als Auftrag zur Förderung einer gesundheitlichen Lebensweise und Lebenswelt im Hinblick auf die physische, psychische und soziale Gesundheit verstanden." (Kultusministerkonferenz vom 5.-6.11.1992) Gesundheitsfördernde Maßnahmen werden in Deutschland in den allgemein bildenden Schulen im Pflicht-, Wahlpflicht- und Wahlbereich eingebunden. Dabei hat die Gesundheitserziehung und -förderung folgende besondere Ziele:

Ziele

- Schülerinnen und Schülern sollen Kenntnisse und Fähigkeiten vermittelt werden, welche die Entwicklung einer gesundheitsfördernden Lebensweise unterstützen.
- Schülerinnen und Schüler sollen befähigt werden, gesundheitsfördernde Entscheidungen zu treffen und so Verantwortung für sich und ihre Umwelt zu übernehmen.

Die Persönlichkeitsförderung von Kindern und Jugendlichen kann somit als ein Beitrag zur modernen Gesundheitserziehung verstanden werden.

1.7 Zur Gliederung der Unterrichtsabschnitte

Die Unterrichtsvorschläge gliedern sich in 20 Abschnitte und greifen die von der WHO vorgeschlagenen Bereiche (Dimensionen)
- Selbstwahrnehmung und Einfühlungsvermögen
- Umgang mit Stress und negativen Emotionen
- Kommunikation
- Kritisches, kreatives Denken
- Problemlösen

wieder auf. Auch der Dimension Information/Wissen wird durch Abschnitte zum Thema Körperbewusstsein Rechnung getragen.
Aus Zeitmangel wird es manchmal nicht möglich sein, alle vorgeschlagenen Aktivitäten durchzuführen. Hier liegt es im Ermessen der Lehrkraft, sich auf Übungen zu beschränken, die für die Umsetzung der Dimensionen und das Erreichen der formulierten Ziele am wesentlichsten erscheinen.

Struktur der einzelnen Unterrichtsabschnitte

a) Auf einen Blick

Übersichtliche Aufbereitung der Unterrichtsabschnitte

Unter dieser Überschrift wird der Unterrichtsabschnitt jeweils auf einer Seite vorgestellt. Als Raster dient die Gliederung in *Dimension, Ziele, Stundenüberblick, benötigtes Material, Vorbereitungen* und *zusätzliche Aktivitäten.*

Dimension
Ziele
Stundenüberblick

Unter der Beschreibung der jeweiligen Dimension findet man zunächst die spezifischen Ziele, die mit Hilfe der Inhalte dieses Abschnittes erreicht werden sollen. Außerdem wird ein Überblick über den vorgeschlagenen Ablauf des jeweiligen Abschnittes gegeben, in dem die Aktivitäten stichwortartig dargestellt sind. Der Ablauf richtet sich dabei nach einem Ritual, das zum einen für die Kinder den Verlauf der Unterrichtsstunden vorhersagbar macht und zum anderen auch der Lehrkraft zur besseren Strukturierung dient. In der Regel finden folgende Unterrichtsphasen statt:

- *Eröffnung* – Hier wird stets eines von zwei Liedern oder der Morgenkreis gewählt. Dabei wird zum einen auf genügend Abwechslungsreichtum, aber auch auf einen Bezug zur Stunde geachtet (z. B. Morgenkreis bei anschließender Beschäftigung mit aufmerksamem Zuhören, das Lied „Ich habe einen Kopf" in Stunden zum Körperbewusstsein).
- *Entspannungsteil* – In den ersten Stunden wird mit einfachen Atemübungen begonnen, später kommt eine einfache Ganzkörperübung hinzu. Erst wenn diese hinreichend eingeübt wurde, folgt die erste Fantasiereise. So wird eine schrittweise Hinführung zur tiefen Entspannung gewährleistet.
- *Hauptthema* – Mit unterschiedlichen Medien wird das jeweilige Hauptthema der Stunde erarbeitet. Musik, Bewegung und Malen spielen als altersadäquate Ausdrucksformen eine große Rolle. Meistens wird das Hauptthema des vorangegangenen Abschnittes im folgenden Abschnitt noch einmal kurz aufgegriffen oder sogar auf eine andere Art wiederholt, damit eine ausreichende Konsolidierung im Gedächtnis erfolgen kann.
- *Gemeinsamer Abschluss* – Dieser dient dem Ausklang des Abschnittes. In Abschnitten, die sehr konzentrierte Mitarbeit von den Kindern erforderten, werden in diesem Bereich Spiele vorgeschlagen, die Bewegungskomponenten enthalten. Manchmal kann auch eine Diskussion über die Erfahrungen in diesem Abschnitt stattfinden. Auch eine Geschichte oder Übung, um ruhiger zu werden, kann in manchen Abschnitten sinnvoll sein.

Hausaufgaben

In jedem zweiten bis dritten Abschnitt wird ein Detektivauftrag als Hausaufgabe verteilt, mit dem sich die Kinder ca. eine Woche lang (bzw. bis zum geplanten Besprechungstermin) beobachten sollen. An einem *Detektivtag* ist das Ritual erweitert:

- Eröffnung
- Besprechung der Hausaufgabe
- Entspannungsteil
- Hauptthema
- Verteilung der neuen Detektivaufträge
- Gemeinsamer Abschluss

Material, Vorbereitungen und zusätzliche Aktivitäten

Die erforderlichen Materialien sowie spezifische Vorbereitungen, die die Lehrkraft gegebenenfalls treffen muss, sind aufgelistet. Außerdem sind zusätzliche Aktivitäten aufgeführt, die über die im Überblick angegebenen Inhalte hinaus durchgeführt werden können.

b) Methodische Anregungen

Nach diesem groben Überblick wird unter der Überschrift *Methodische Anregungen* der Ablauf und die einzelnen Elemente des Abschnittes genauer erläutert. Neue Übungen werden konkret dargestellt, die Verwendung des beigefügten Materials wird ausführlich erklärt. Darüber hinaus werden in manchen Fällen Empfehlungen gegeben, wie einzelne Spiele erklärt und Diskussionen forciert werden können. Meist wird auch der Sinn der jeweiligen Übungen erläutert, damit die Auswahl transparent bleibt.

Reihenfolge der Abschnitte

Selbstwahrnehmung
Abschnitt 1: Starke Kinder
Abschnitt 2: Meine Welt
Abschnitt 3: Das bin ich
Abschnitt 4: Meine Familie und ich

Körperbewusstsein
Abschnitt 5: Das ist mein Körper
Abschnitt 6: Körperteile unterscheiden

Umgang mit Stress
Abschnitt 7: Entspannung lernen

Kommunikation
Abschnitt 8: Ich erzähle dir etwas
Abschnitt 9: Du erzählst mir etwas
Abschnitt 10: Mit dem Körper sprechen
Abschnitt 11: Wie ich mich manchmal fühle
Abschnitt 12: Gefühle mit dem Körper ausdrücken

Umgang mit negativen Emotionen
Abschnitt 13: Wenn ich Angst habe
Abschnitt 14: Wenn ich wütend bin, wenn ich neidisch bin

Problemlösen/Kritisches Denken
Abschnitt 15: Wenn Igor nicht weiter weiß
Abschnitt 16: Igor denkt erst einmal nach

Abschnitt 17: Da wusste Igor nicht weiter
Abschnitt 18: Wenn ich in Zukunft nicht mehr weiter weiß …

Abschluss
Abschnitt 19: Alternative 1 – Das Igelfest
Abschnitt 20: – „ –
oder
Abschnitt 19: Alternative 2 – Igelrallye
Abschnitt 20: – „ –

Die vorliegende Gliederung wird aus folgenden Gründen für sinnvoll erachtet:

Starke Kinder

1. Der Beginn mit dem Abschnitt „Starke Kinder" dient der Eröffnung der Unterrichtseinheit, der Unterzeichnung des Vertrages und dem Kennenlernen der in diesen Stunden gültigen Regeln.

Selbstwahrnehmung Einfühlungsvermögen

2. Danach folgen Unterrichtsinhalte zur Selbstwahrnehmung und zu basalen Formen des Einfühlungsvermögens. Sie stellen die Grundlage für die folgenden Einheiten dar und benötigen selbst keine besonderen Voraussetzungen.

Körperbewusstsein

3. Inhalte zur Selbstwahrnehmung und zum Körperbewusstsein werden eng zusammen behandelt, da eine Separierung von Körper und Geist künstlich erscheint. Aus diesem Grund schließen sich den Karten zur Selbstwahrnehmung solche zum Körperbewusstsein an.

Umgang mit Stress

4. Im siebten Abschnitt folgt eine Karte zum Umgang mit Stress. Diese nach dem Körperbewusstsein zu behandeln dient der Verdeutlichung, dass auch Stress krank machen kann. Außerdem ist dieser Abschnitt hier sinnvoll, da die Kinder in den vorherigen Stunden mit Atemübungen und kleinen Ganzkörperentspannungsübungen langsam auf die nun durchzuführende erste Fantasiereise vorbereitet wurden.

Kommunikation

5. Erst jetzt werden Inhalte zur Kommunikation geübt, weil z. B. die Karten mit nonverbalen Inhalten ein gewisses Maß an Körperbewusstsein voraussetzen.

Umgang mit Stress und negativen Emotionen

6. Spezifische Inhalte zum Umgang mit Stress und negativen Emotionen (Angst, Wut, Neid) werden erst nach den Kommunikationsabschnitten behandelt, da der Ausdruck von Gefühlen, wie er im Bereich der Dimension Kommunikation erlernt wurde, eine notwendige Voraussetzung zum differenzierteren Umgang mit Gefühlen darstellt.

Problemlösen/ Kritisches Denken

7. Es schließen sich Abschnitte zum Problemlösen / Kritischen Denken an, damit deutlich werden kann, dass richtiges Problemlösen ebenfalls eine Methode darstellt, mit Stress umzugehen. Zudem ist diese Dimension eine sehr theoretische, so dass es nicht sinnvoll wäre die Unterrichtseinheit mit ihr zu beginnen. Problemlösen und kritisches Denken werden auf der ersten Stufe des Spiralcurriculums gemeinsam behandelt, da in den ersten Klassen die definierten Ziele der Dimensionen Problemlösen und kritischem Denken viele Gemeinsamkeiten aufweisen.

Igelfest/Igelrallye

8. Die Abschnitte enden mit Inhalten, die in einem Igelfest oder einer Igelrallye umgesetzt werden können, um mit positiven Inhalten aufzuhören. Außerdem fasst ein solcher Abschluss die Einheit noch einmal zusammen, die behandelten Themen können in ihrer Gesamtheit noch einmal mit den Kindern gemeinsam besprochen, überdacht und verbessert werden.

1.8 Bericht über die Erprobungsphase

Zusammenfassende Vorbemerkung

Das Projekt „Fit und stark fürs Leben“ strebt die Förderung sozialer Kompetenzen, die Persönlichkeitsentwicklung und die Suchtprävention bei Schülern und Schülerinnen der Klassenstufen 1 bis 8 an. Der vorliegende Bericht beschreibt die Hauptergebnisse der Evaluation des Projektes für die Klassenstufen 1 und 2. Im ersten Schulhalbjahr 1996 nahmen 526 Erst- und Zweitklässler aus Schleswig-Holstein, Mecklenburg-Vorpommern und Nordschleswig an 20 neu entwickelten Unterrichtseinheiten teil.
Zur Überprüfung der Unterrichtsinhalte und -materialien wurden von den Lehrkräften detaillierte Beurteilungsbögen ausgefüllt. Die Rückmeldungen fielen äußerst positiv aus. Die allgemeine Unterrichtsatmosphäre, die Themen und Inhalte der einzelnen Unterrichtseinheiten sowie die Arbeitsmaterialien und konkreten Übungsvorschläge erhielten durchgehend gute bis sehr gute Bewertungen. Verbesserungsvorschläge der Lehrkräfte dienten der Überarbeitung des Unterrichtsmanuales.
Zur Untersuchung der Auswirkungen des Programmes auf die angestrebten Ziele der Persönlichkeits- und Lebenskompetenzförderung wurden sowohl vor Beginn als auch nach Beendigung der Projektphase Aussagen der Schüler und Lehrkräfte hinsichtlich verschiedener Verhaltens- und Einstellungsbereiche erhoben. Im Vergleich mit einer Kontrollstichprobe von 328 Schülern ohne Projektteilnahme zeigten sich bei den „Projektkindern“ insbesondere eine Reduzierung des aggressiven Verhaltens sowie Verbesserungen in den Einstellungen zur Schule und zur Klassengemeinschaft.
Um die Einhaltung der Zielvorgaben des Projekts sicherzustellen, die Wirksamkeit der Maßnahmen zu prüfen und das Curriculum kontinuierlich zu verbessern, wird eine fortlaufende Evaluation des Projektes vorgenommen.

Methode

In der Entwicklungs- und Erprobungsphase des Programmes für die ersten und zweiten Schulklassen kamen sowohl eine Prozessevaluation als auch eine Ergebnisevaluation zum Einsatz.

Prozessevaluation

Im Rahmen der Prozessevaluation wurde untersucht, wie die praktische Umsetzung des Programmes in der Schule erfolgte, wie das Unterrichtsmanual von den durchführenden Lehrkräften beurteilt wurde und welche Kritikpunkte und Verbesserungsvorschläge bestanden.
Als Messinstrument diente der *„Stundenbeurteilungsbogen für Lehrkräfte“*. Direkt im Anschluss an jede der 20 Unterrichtseinheiten wurden von den Lehrkräften der Unterrichtsablauf, die Lern- und Übungsinhalte sowie die Arbeitsmaterialien auf verschiedenen Dimensionen beurteilt und ggf. gezielte Verbesserungsvorschläge gemacht. Auf diese Weise ließen sich konkrete Rückschlüsse auf spezielle Probleme bzw. Stärken des Programmes ziehen und Entwicklungsverläufe aufzeigen.
Darüber hinaus wurden während und nach Beendigung der Projektphase Treffen zum gegenseitigen Erfahrungsaustausch durchgeführt.

Ergebnisevaluation

Die Ergebnisevaluation versucht, erste Auswirkungen des Programmes in Bezug auf die angestrebten Ziele der Persönlichkeits- und Lebenskompetenzförderung nachzuweisen.
Hierfür wurden zwei anonymisierte Fragebögen eingesetzt:

A. Fragebogen über das Verhalten von Schülerinnen und Schülern
B. Fragebogen für Kinder

Bei dem „Fragebogen über das Verhalten von Schülerinnen und Schülern“ handelt es sich um die deutsche Version der „Teacher’s Report Form“ (Achenbach, 1991; Achenbach & McConaughy, 1997; deutsche Fassung: Döpfner & Melchers, 1993). Dieser standardisierte Fragebogen erfasst das Urteil von Lehrkräften über Kompetenzen, Verhaltensauffälligkeiten und emotionale Auffälligkeiten von Kindern und Jugendlichen im Alter von 5 bis 18 Jahren. Anhand der 113 Fragen werden acht Skalen gebildet (z. B. „aggressives Verhalten“, „Aufmerksamkeitsstörungen“, „sozialer Rückzug“). Bei den Fragen handelt es sich um einfache Beobachtungen wie z. B. „Das Kind stört andere Schüler“ oder „Das Kind ist schüchtern“. Die Bögen wurden von den Lehrkräften für jedes Kind ausgefüllt.
Der „Fragebogen für Kinder“ wurde entwickelt, um auf altersgemäße Weise verschiedene Selbstbeurteilungen und Einstellungen der Erst- und Zweitklässler zu erfassen (z. B. „Findest du die Schule doof?“ oder „Magst du die anderen Kinder in deiner Klasse?“). Die insgesamt 18 Fragen wurden von den Lehrkräften vorgelesen. Auf kindgerechten Antwortblättern konnten die Schüler ihre Zustimmung oder Ablehnung durch das Anmalen oder Ankreuzen eines Smiley-Symboles neben der Frage zum Ausdruck bringen. Das folgende, im Maßstab verkleinerte Beispiel veranschaulicht den Aufbau des Fragebogens:

	Ja	**Nein**
1) 	☺	☹

Allerdings spielen solche Selbsteinschätzungen bei den Kindern der ersten Stufe des Spiralcurriculums (Klassen 1 und 2) aus methodischen und entwicklungspsychologischen Gründen noch eine untergeordnete Rolle. Zum einen ist die Erhebung von Fragebogendaten aufgrund der mangelnden Lese- und Rechtschreibfähigkeiten nur sehr beschränkt möglich, zum anderen sind Themen wie „Selbstwertgefühl“ oder „Zigarettenrauchen“ in diesem Alter noch uninteressant bzw. schwierig zu erfassen.
Um statistisch abgesicherte Aussagen über Veränderungen auf diesen beiden Messinstrumenten treffen zu können, wurden die Klassen, in denen das Projekt durchgeführt wurde (sog. „Experimentalgruppe“) mit Klassen ohne Projektteilnahme (sog. „Kontrollgruppe“) verglichen. In beiden Gruppen wurden beide Fragebögen zu Beginn und nach Beendigung der Projektphase erhoben.

Ergebnisevaluation

	1. Messzeitpunkt: Februar ‘96 (Beginn der Projektphase)	2. Messzeitpunkt: Juni ‘96 (Ende der Projektphase)
Experimentalgruppe	Fragebogen A + B	Fragebogen A + B
Kontrollgruppe	Fragebogen A + B	Fragebogen A + B

Stichprobe

Insgesamt nahmen 48 Schulklassen an der Erhebung teil, davon 32 als so genannte Experimentalklassen mit Projektdurchführung und 16 als Kontrollklassen ohne Projektdurchführung. In der Endauswertung konnten 3 Experimentalklassen aufgrund unvollständiger Programmdurchführung (z. B. krankheitsbedingte Ausfälle) nicht berücksichtigt werden. Die somit 29 Experimentalklassen gliedern sich folgendermaßen auf: 10 Klassen aus Dänemark/Nordschleswig, 11 Klassen aus Schleswig-Holstein sowie 8 Klassen aus Mecklenburg-Vorpommern. Die 16 Kontrollklassen gliedern sich in 1 Klasse aus Dänemark, 8 Klassen aus Schleswig-Holstein sowie 7 Klassen aus Mecklenburg-Vorpommern. Es handelte sich um 25 erste, 19 zweite und eine dritte Klassenstufe.

Aus den in der Auswertung berücksichtigten 45 Schulklassen nahmen zum ersten Messzeitpunkt insgesamt 854 Schüler und Schülerinnen an der Datenerhebung teil. Es handelte sich um 428 Mädchen und 426 Jungen. In der Experimentalgruppe befanden sich 271 Jungen und 255 Mädchen, in der Kontrollgruppe 155 Jungen und 173 Mädchen. Die Auswahl der Klassen erfolgte auf freiwilliger Basis. Für die Kontrollstichprobe wurden so weit wie möglich Parallelklassen der Experimentalklassen ausgewählt.

Durchführung

Die 29 durchführenden Lehrkräfte der Experimentalklassen nahmen kurz vor Projektbeginn im Februar 1996 an einer 2-tägigen Fortbildungsveranstaltung teil. Es waren in der Regel die Klassenlehrerinnen bzw. -lehrer der Kinder. In jedem der drei beteiligten Länder wurden eigene Fortbildungen durchgeführt. Die Fortbildung umfasste zunächst eine theoretische Vermittlung wichtiger psychologischer Konstrukte, die den verschiedenen Dimensionen des Manuals zugrunde liegen (u. a. Selbstwahrnehmung, Kommunikationsverhalten, Angst- und Stressbewältigung, Problemlösen) sowie die praktische Einübung der damit zusammenhängenden Unterrichtsaktivitäten (Durchführung von Entspannungsübungen, Rollenspielen, Gruppenspielen und -diskussionen usw.). Anschließend wurden die 20 Unterrichtseinheiten des Manuals vorgestellt und konkrete Durchführungshinweise gegeben. Schließlich wurde das Vorgehen bei der Datenerhebung erläutert. Die Lehrkräfte der Kontrollklassen erhielten lediglich schriftliche Erläuterungen zur Datenerhebung.

Die Durchführung des Projektunterrichtes erfolgte in der Regel zwischen Mitte Februar und Ende Juni 1996. Der Unterricht fand zumeist einmal pro Woche statt, wobei das Curriculum in den normalen Stundenplan integriert wurde.

Aus den Rückmeldungen der Lehrkräfte wurde ersichtlich, dass die einführende Fortbildungsveranstaltung eine sehr wertvolle Hilfe bei der Umsetzung des Programmes darstellte. Insbesondere bei Aktivitäten wie Rollenspielen, Entspannungsübungen oder Feed-back-Runden konnten viele Lehrkräfte gewinnbringend auf ihre Erfahrungen und Kenntnisse aus der Fortbildung zurückgreifen.

Ergebnisse

Prozessevaluation

Aus den Stundenbeurteilungsbögen ist ersichtlich, dass von den vorgesehenen 19 Unterrichtseinheiten im Durchschnitt 18 Einheiten durchgeführt wurden. Pro Unterrichtseinheit konnten die Lehrkräfte im Mittel 84% der vorgeschlagenen Aktivitäten durchführen, wofür häufig zwei Schulstunden benötigt wurden.

Die Mitarbeit der Schüler war erfreulich gut: Im Mittel arbeiteten 89% konzentriert mit, 86% beteiligten sich aktiv an den Spielen und Übungen.

Stundenbeurteilung durch die Lehrkräfte

Die allgemeine Beurteilung der Unterrichtseinheiten durch die Lehrkräfte fiel äußerst positiv aus (s. Diagramm S. 32). Die Lehrkräfte haben fast ausnahmslos gern den Projektunterricht durchgeführt und waren durchweg davon überzeugt, dass er auch den Kindern Spaß machte sowie gewinnbringend für sie war. Die im Diagramm angegebenen Prozentwerte beziehen sich auf die beiden Antwortkategorien „stimmt völlig“ und „stimmt eher“, wobei sogar die meisten Antworten auf die Kategorie „stimmt völlig“ entfielen. Beispielsweise lauteten die vollständigen Ergebnisse für die Aussage „Die heutige Unterrichtseinheit machte den Kindern Spaß“: 60% „stimmt völlig“, 35% „stimmt eher“, 5% „stimmt teilweise“, 0% „stimmt eher nicht“, 0% „stimmt gar nicht“. Etwa die Hälfte der Lehrkräfte war auch der Meinung, durch den Projektunterricht neue Anregungen erhalten zu haben. Diese positiven Einschätzungen spiegeln sich auch darin wider, dass nur 10% der Lehrkräfte die Unterrichtseinheiten für verbesserungsbedürftig hielten.

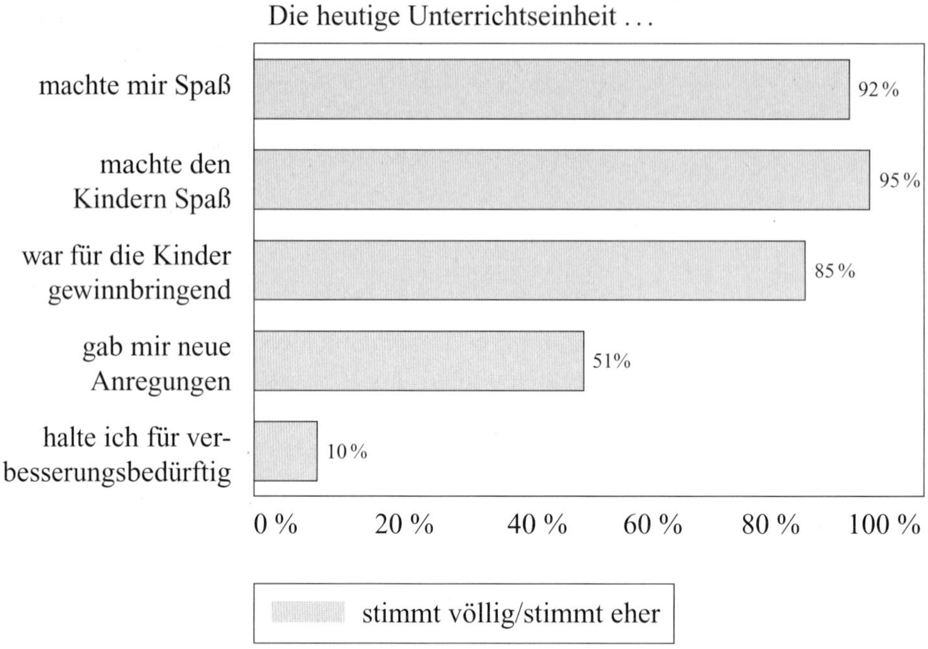

Beurteilungen der Inhalte und Materialien

Genauere Aufschlüsse über die Beurteilungen der Inhalte und Materialien der einzelnen Projekteinheiten vermittelt die folgende Tabelle. Die „Notenskala" reichte von 1 = „sehr gut" bis 5 = „schlecht". Die über alle Unterrichtseinheiten gemittelten Bewertungen liegen auf gleichmäßig hohem Niveau.

	Bewertung
Praktikabilität	1,7
Altersangemessenheit	1,6
Arbeitsmaterialien	1,6
Übungsinhalte zur Zielerreichung	1,7

Skala: 1 = „sehr gut", 2 = „eher gut", 3 = „mittel", 4 = „eher schlecht",5 = „schlecht"

Beurteilungen des Unterrichtsrituals

Ähnliche Bewertungen ergab die Frage nach der *Umsetzbarkeit der einzelnen Teile des Stundenrituals.* Hier sollten die Lehrkräfte jeden Teil, den Eröffnungsteil, den Entspannungsteil, das Hauptthema und die gemeinsame Abschlussaktivität separat beurteilen. Diese Frage diente in erster Linie dazu, spezifische Stärken und Schwächen einzelner Unterrichtsvorschläge aufzudecken.
Alle vier Teile des Unterrichtsrituales erhielten im Durchschnitt gute bis sehr gute Bewertungen mit nur geringen Unterschieden zwischen den einzelnen Unterrichtsabschnitten.

	Bewertung
Eröffnung	1,6
Entspannungsteil	1,7
Hauptthema	1,5
Gemeinsamer Abschluss	1,9

Skala: 1 = „sehr gut", 2 = „eher gut", 3 = „mittel", 4 = „eher schlecht", 5 = „schlecht"

Die Bewertungen der einzelnen Unterrichtsabschnitte dienten der gezielten Überarbeitung und Optimierung einzelner Unterrichtseinheiten. Als besonders hilfreich erwiesen sich dafür auch die beiden offenen Antwortkategorien *„besondere Vorkommnisse"* und *„Verbesserungsvorschläge"* auf jedem Stundenbeurteilungsbogen. Die Lehrkräfte gaben hier teilweise wertvolle Anregungen aus der eigenen Unterrichtspraxis, die weitestgehend in der Neufassung des Manuals berücksichtigt wurden.

Fazit

Unter Berücksichtigung der Informationen aus den Treffen zum persönlichen Erfahrungsaustausch kann zusammenfassend festgehalten werden, dass viele Lehrkräfte im Projektverlauf positive Entwicklungen bei ihren Schülern und Schülerinnen bemerkten: in Bezug auf konkrete Programmbausteine wie z. B. die zunehmend bessere Fähigkeit der Kinder zur Entspannung oder zur Lösung klassenspezifischer Probleme, aber auch in Bezug auf das Klassenklima im Allgemeinen („netterer Umgang" miteinander, größerer Zusammenhalt der Kinder, „Öffnung" schüchterner Kinder etc.).
Das Fazit vieler *Lehrkräfte* lautete sinngemäß: Wenn auch die Zeit zur intensiven Durchführung aller vorgeschlagenen Aktivitäten leider viel zu kurz war, freuen wir uns zusammen mit den Kindern sehr auf die Fortführung des Projektes. Nach Informationen der Lehrkräfte äußerten sich auch zahlreiche *Eltern* positiv über den Sinn und Nutzen des Curriculums. Viele Eltern beteiligten sich an den projektbezogenen „Hausaufgaben" der Kinder, manche sogar an der Ausrichtung der feierlichen Abschlussstunden. Die abschließende Frage vieler *Kinder* lautete schlicht: „Wann gibt es die nächsten Igelstunden?"

Ergebnisevaluation

Verhalten der Kinder aus Sicht der Lehrkräfte

Nach der Einschätzung der Lehrkräfte zeigten sowohl die Kinder in den Projektklassen als auch die Kinder der Kontrollgruppe am Ende des Schulhalbjahres im Juni 1996 Abnahmen der *dargestellten, problematischen Verhaltensweisen*. Dieser allgemeine Effekt könnte z. B. auf das bessere Kennenlernen der Kinder untereinander im Verlauf des Halbjahres und die damit einhergehende positive Veränderung des Klassenklimas zurückzuführen sein. Darüber hinaus zeigt sich aber auch, dass sich bei drei der vier Skalen stärkere Verbesserungen für die Experimentalgruppe als für die Kontrollgruppe ergeben. Insbesondere das *aggressive Verhalten* ist nach Programmteilnahme deutlich stärker reduziert als in der Kontrollgruppe.

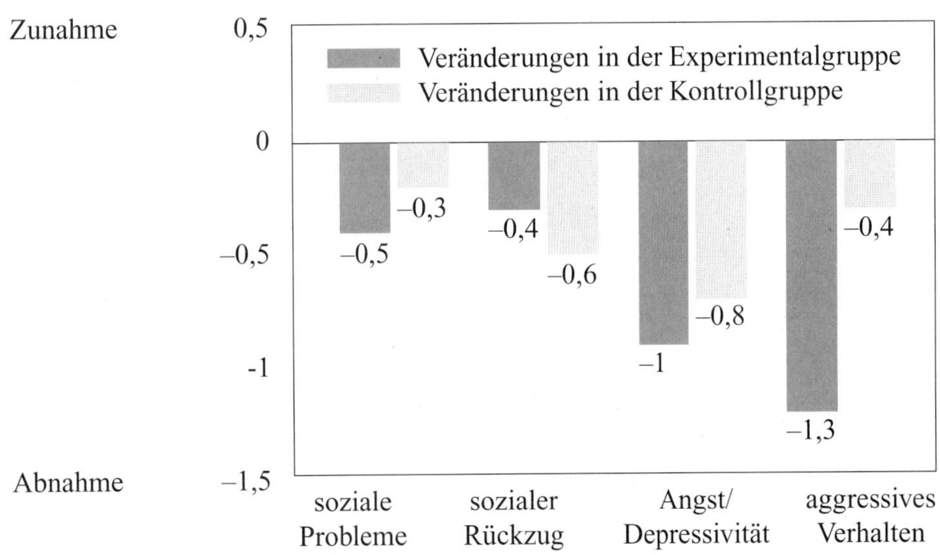

Den vorliegenden Daten war außerdem zu entnehmen, dass die Ausgangslage in den Experimentalklassen deutlich ungünstiger war als in den Kontrollklassen. Insbesondere Angst, Depressivität und aggressives Verhalten waren nach den Urteilen der Lehrkräfte bei den „Projektkindern" stärker ausgeprägt. Eine Erklärung dafür könnte sein, dass sich vermehrt Lehrkräfte zur Durchführung bereit fanden, die in ihren Klassen einen besonderen Bedarf für ein Programm zur Förderung psychosozialer Kompetenzen sahen. Es spricht zusätzlich für die Wirksamkeit des Curriculums, dass bei diesen „schwierigeren Klassen" stärkere Verhaltensverbesserungen eintraten als in den Kontrollklassen.

Aussagen der Kinder in Bezug auf ihre Schule

Die Ergebnisse zweier Aussagen der Erst- und Zweitklässler aus dem *„Fragebogen für Kinder"* zum Thema „Schule" sind unten im Diagramm dargestellt. Trotz der eingangs erwähnten methodischen Einschränkungen bei der Erhebung derartiger Aussagen in dieser Altersgruppe können die ausgewählten Ergebnisse dazu beitragen, Veränderungen schul- und klassenbezogener Sichtweisen der Kinder widerzuspiegeln.

Dem linken Teil des Diagramms ist zu entnehmen, dass die von vornherein eher geringe Ablehnung der Schule in beiden Gruppen nach vier Monaten nochmals abgenommen hat, diese Abnahme in den Projektklassen aber stärker ausgefallen ist. Im rechten Teil der Abbildung fällt zunächst auf, dass in den Projektklassen ungefähr doppelt so viel Schüler und Schülerinnen angaben, manchmal Angst zu haben zur Schule zu gehen. Dies unterstreicht die oben bereits erwähnte ungünstigere Ausgangslage in den Experimentalklassen. Weiterhin ist zu erkennen, dass diese Angst in den Experimentalklassen leicht zurückgeht, in den Kontrollklassen ohne Programmdurchführung dagegen um ca. drei Prozentpunkte zunimmt.

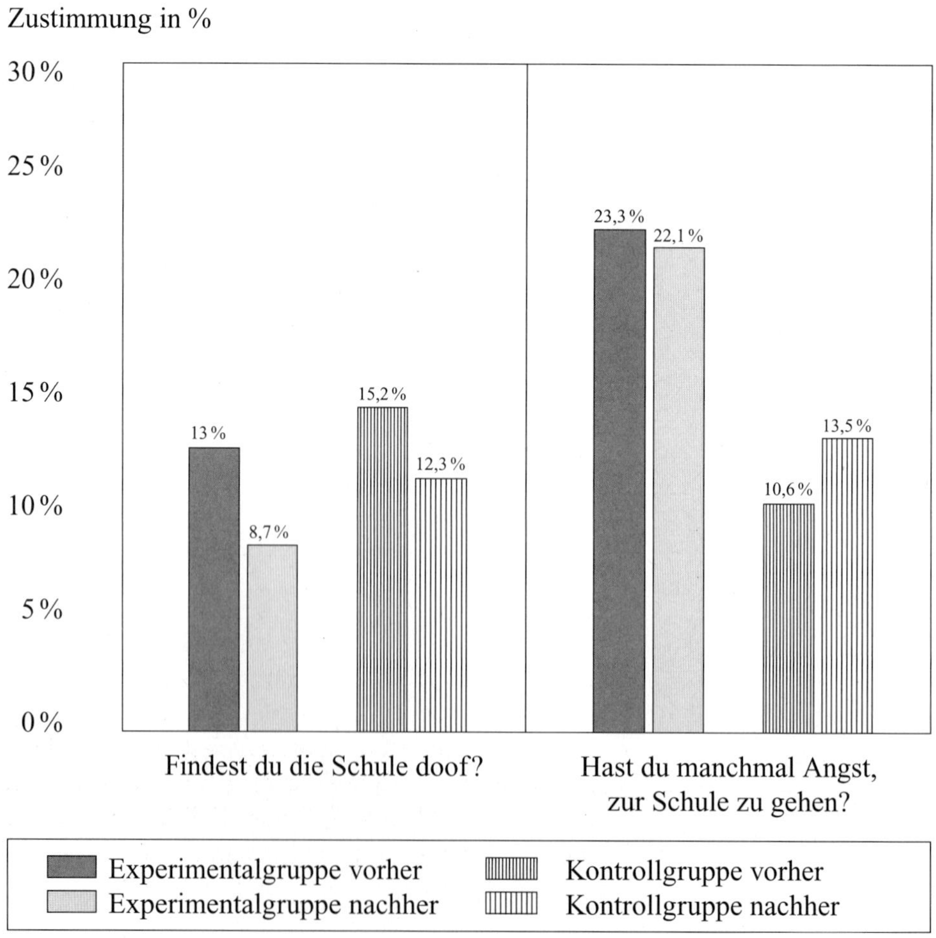

Aussagen der Kinder in Bezug auf ihre Klasse

Auch bei den *klassenbezogenen* Aussagen der Kinder konnten zum Teil positive Auswirkungen des Projektes festgestellt werden. Im nachfolgenden Diagramm sind im linken Teil zunächst die Ergebnisse zur empfundenen Sympathie für die Klassenkameraden dargestellt. In beiden Gruppen gaben zum ersten Messzeitpunkt bereits über 90% der Kinder an, ihre Klassenkameraden zu mögen, sodass man hier von einem Deckeneffekt sprechen kann – eine positive Steigerung ist kaum zu erwarten. Allerdings ergab sich in den Projektklassen nochmals eine Sympathiesteigerung von 4,0 Prozentpunkten, in den Kontrollklassen aber nur eine Steigerung von 1,4 Prozentpunkten.
Im rechten Teil des Diagramms zeigt sich, dass vor Projektdurchführung ca. 11% der Kinder aus den Experimentalklassen lieber in einer anderen Klasse wären. Dieser Anteil war nach der Projektdurchführung kaum verringert. Demgegenüber waren in den Kontrollklassen zum ersten Messzeitpunkt nur sehr wenige Kinder mit ihrer Klassenzugehörigkeit unzufrieden. Der Anteil dieser Kinder nahm dann allerdings im Verlauf des Halbjahres deutlich zu.

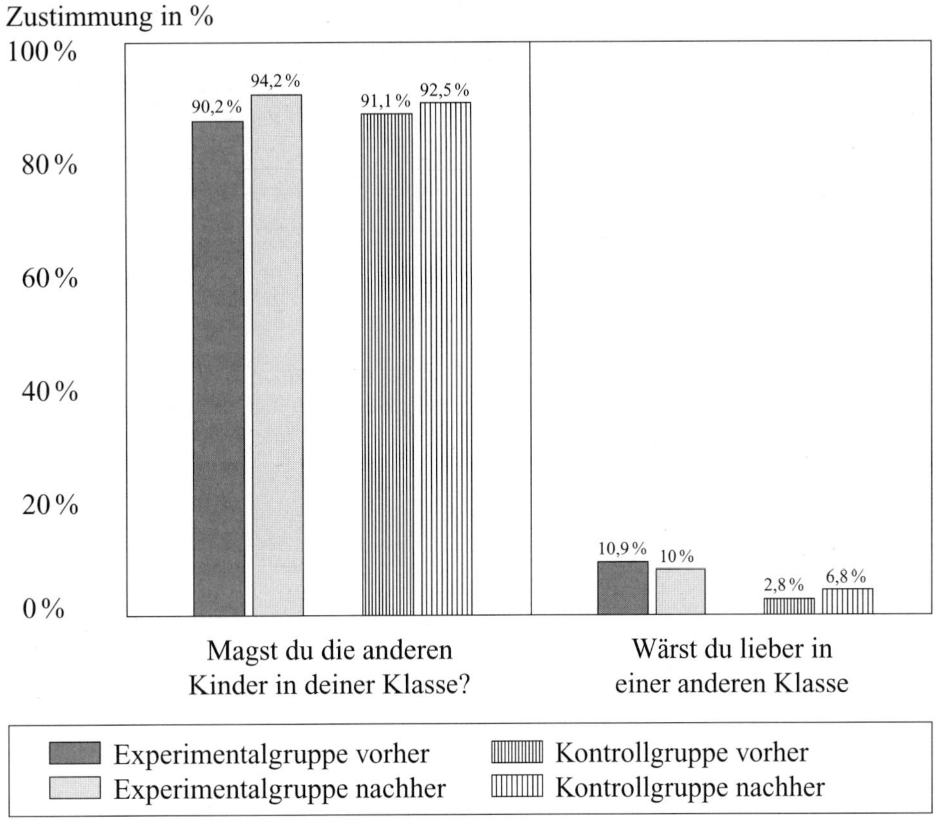

Fazit

Zusammenfassend lässt sich festhalten, dass sich bei der Ergebnisevaluation aus der Sicht der Lehrkräfte verschiedene positive Veränderungen im Verhalten der Kinder durch die Projektteilnahme ergeben haben. Insbesondere wurde das aggressive Verhalten deutlich reduziert. Dieses erfreuliche Ergebnis ist auch deshalb von besonderem Interesse, weil frühzeitig auftretendes aggressives Verhalten in engem Zusammenhang zum Substanzmissbrauch in der Adoleszenz und im frühen Erwachsenenalter steht (Robins, 1978; Brook, Cohen, Whiteman & Gordon, 1992; Loeber, 1988; Shedler & Block, 1990). Auch bei den Schülern und Schülerinnen spiegelten sich positive Programmwirkungen bei der Beurteilung ihrer Klassengemeinschaft und ihrer Einstellung zur Schule wider.

1.9 Literatur

Achenbach, T. M. (1991). Manual for the Teacher's Report Form and 1991 Profile. Burlington, VT: University of Vermont Department of Psychiatry.

Achenbach, T. M. & McConaughy (1997). Empirically based assessment of child and adolescent psychopathology: practical applications. Developmental Clinical Psychology and Psychiatry, Vol. 13. Thousand Oaks, CA: Sage.

Bandura, A. (1969). Principles of behavior modification. New York: Holt, Rinehart & Wilson.

Botvin, G. J., Baker, E., Fiazzola, A. D. & Botvin, E. M. (1990). A cognitive-behavioral approach to substance abuse prevention: one-year follow-up. Addictive Behaviors, 15, 47–63.

Botvin, J. & Tortu, S. (1988). Preventing adolescent substance abuse through life skills training. In R. H. Price, E. L. Cowen, R. P. Lorion & J. R. McKay (eds.): 14 ounces of prevention: A casebook for practitioners (p. 98–110). Washington: American Psychological Association.

Brook, J. S.:, Cohen, P., Whiteman, M. & Gordon, A. N. (1992). Psychosocial risk factors in the transition from moderate to heavy use or abuse of drugs. In M. Glantz & R. Pickens (eds.): Vulnerability to drug abuse (p. 359–388). Washington, DC: American Psychological Association.

Bruvold, W. H. (1993). A meta-analysis of adolescent smoking prevention programs. American Journal of Public Health, 83, 872–880.

Bühringer, G. (1994). Aktuelle Konzepte zur Primärprävention des Substanzmissbrauchs mit Schwerpunkt „Schulische Prävention". In: Deutsche Hauptstelle gegen die Suchtgefahren (Hrsg.): Suchtprävention. Schriftenreihe zum Problem der Suchtgefahren, Bd. 36 (S. 55–64). Freiburg im Breisgau: Lambertus.

Denis, A., Heynen, S. & Kröger, C. (1993). Fortschreibung der Expertise zur Primärprävention des Substanzmissbrauchs. IFT-Berichte, Bd. 72, München.

Dirks, S., Klein-Heßling, J. & Lohaus, A. (1993). Programm zur Stressbewältigung im Grundschulalter. Westfälische Wilhelms-Universität Münster, Berichte aus dem Psychologischen Institut III.

Döpfner, M. & Melchers, P. (1993). Lehrerfragebogen über das Verhalten von Kindern und Jugendlichen. Deutsche Bearbeitung der Teacher's Report Form (TRF) der Child Behavior Checklist. Einführung und Anleitung zur Handauswertung. Köln: KJFD, Arbeitsgruppe Kinder-, Jugend- und Familiendiagnostik.

Durlak, J. A. (1995). School-based prevention programs for children and adolescents. Developmental Clinical Psychology and Psychiatry, Vol. 34. Thousand Oaks, CA: Sage.

Ellickson, P. L. & Bell R. M. (1990). Drug prevention in junior high: A multi-site longitudinal test. Science, 247, 1299–1305.

Glynn, T. J. (1989). Essential elements of school based smoking prevention programs. Journal of School Health, 59, 181–188.

Hanewinkel, R. (1996). Evaluation primärpräventiver Maßnahmen. In Bundeszentrale für gesundheitliche Aufklärung (Hrsg.), Europäische Woche der Suchtprävention (S. 371–375). Köln: BZgA.

Imber-Black, E. & Roberts, J. (1993). Vertrauen und Geborgenheit. Familienrituale und alte Bräuche neu entdeckt. Düsseldorf: Econ Verlag.

Jessor, R. & Jessor, S. L. (1977). Problem behavior and psychosocial development. New York: Academic Press.

Krowatschek, D. (1994). Entspannung in der Schule. Dortmund: borgmann publishing.

Künzel-Böhmer, J., Bühringer, G. & Janik-Konecny, T. (1993). Expertise zur Primärprävention des Substanzmissbrauchs. Schriftenreihe des Bundesministeriums für Gesundheit, Bd. 20. Baden-Baden: Nomos Verlagsgesellschaft.

Langer, S. (1979). Philosophie auf neuem Wege. Das Symbol im Denken, im Ritus und in der Kunst. Mittenwald: Mäander Kunstverlag.

Laux, L. (1983). Psychologische Stresskonzeptionen. In: H. Thomae (Hrsg.): Enzyklopädie der Psychologie, Bd. 1 (S. 453–535). Göttingen: Hogrefe.

Lazarus, R. S. & Averill, J. R. (1972). Emotion and cognition: With special reference to anxiety. In: C. D. Spielberger (ed.): Anxiety: Current trends in theory and research, vol. 2 (p. 241–283). New York: Academic Press.

Lazarus, R. S. & Launier, R. (1981). Stressbezogene Transaktionen zwischen Person und Umwelt. In: J. R. Nitsch (Hrsg.): Stress. Theorien, Untersuchungen, Maßnahmen (S. 213–259). Bern: Huber.

Leventhal, H. & Keeshan, P. (1993). Promoting healthy alternatives to substance abuse. In: S. G. Millstein, A. C. Petersen & E.O. Nightingale (eds.): Promoting the health of adolescents. New directions for the twenty-first century (p. 260–284). New York: Oxford University Press.

Loeber, R. (1988). Natural histories of conduct problems, delinquency, and associated substance use: Evidence for developmental progressions. In B. B. Lahey & A. E. Kazdin (Eds.): Advances in Clinical Child Psychology. Vol.11 (p. 73–124). New York: Plenum Press.

Lopez, H. & Fuchs, R. (1990). Rauchen. In: R. Schwarzer (Hrsg.): Gesundheitspsychologie (S. 185–197). Göttingen: Hogrefe.

Meichenbaum, D.W. (1995). Kognitive Verhaltensmodifikation, 2. Aufl. Weinheim: Psychologie Verlags Union.

Meyer, H. (1980). Leitfaden zur Unterrichtsvorbereitung. Frankfurt a. M.: Cornelsen Verlag Scriptor.

Olweus, D. (1993). Bullying at school. Oxford, UK: Blackwell.

Petermann, U. (1994). Materialien zu Imaginationsverfahren für Kinder. In: F. Petermann & D. Vaitl (Hrsg.): Handbuch der Entspannungsverfahren, Bd. 2: Anwendungen. Weinheim: Psychologie Verlags Union.

Petermann, F. & Petermann U. (1995). Training mit aggressiven Kindern, 7. Aufl. Weinheim: Psychologie Verlags Union.

Petermann, F. & Petermann U. (1996). Training mit Jugendlichen, 5. Aufl. Weinheim: Psychologie Verlags Union.

Petermann, U. & Petermann, F. (1994). Training mit sozial unsicheren Kindern, 5. Aufl. Weinheim: Psychologie Verlags Union.

Resnicow, K., Cross, D. & Wynder, E. (1991). The role of comprehensive school-based interventions: the results of four know your body studies. Annals of The New York Academy of Sciences, 623, 285–298.

Robins, L. N. (1978). Sturdy childhood predictors of adult anti-social behavior: Replications from longitudinal studies. Psychological Medicine, 8, 611–622.

Ross, J. R., Saavedra, P. S., Shur, G. H., Winters, F. & Felner, R. D. (1992). The effectiveness of an after-school programm for primary grade latchkey students on precursors of substance abuse. Journal of Community Psychology, OSAP Special Issue, 22–38.

Shure, M. B. & Spivack, G. (1988). Interpersonal cognitive problem solving. In: R. H. Price, E. L. Cowen, R. P. Lorion & J. Ramos-McKay (eds.): 14 ounces of prevention. A casebook for practitioners, reprint 1994 (p. 69–82). Washington: American Psychological Association.

Steffensky, F. (1994). Rituale als Lebensinszenierungen. Pädagogik, 46, 56.

Swisher, J. D. & Hu, T.-W. (1983). Alternatives to drug abuse: Some are and some are not. National Institute on Drug Abuse Research Monograph Series, 47, 141–153.

TACADE, The Advisory Council on Alcohol and Drug Education (1990). Skills for the primary school child, 2. Ed.

TACADE, The Advisory Council on Alcohol and Drug Education (1994). Skills for life: A whole school approach to personal and social development for 11 – 16 year olds. Salford, UK.

Teml, H. & Teml, H. (1995). Komm mit zum Regenbogen: Fantasiereisen für Kinder und Jugendliche; Entspannung, Lernförderung, Persönlichkeitsentwicklung, 5. Aufl. Linz: Veritas.

Tobler, N. S. (1986). Meta-analysis of 143 adolescent drug prevention programs: Quantitative outcome results of program participants compared to a control or comparison group. The Journal of Drug Issues, 16, 537–567.

Vartiainen, E., Tossavainen, K., Koskela, K. & Korhonen, H. J. (1994). Smoking prevention in youth. In: L. J. Filer jr., R. M. Lauer & R.V. Luepker (Eds.): Prevention of atherosclerosis and hypertension beginning in youth (p. 264–272). USA: Lea & Febinger.

WHO (1994a). Life skills education in schools, parts 1 and 2. Geneva: WHO, Divison of Mental Health.

WHO (1994b). "Life Skills". Praktische Lebenskunde – Rundschreiben. Zusammenfassung der englischen "Skills for Life Newsletter" No. 1–3. Geneva: WHO, Divison of Mental Health.

WHO (1994c). Training workshops for the development and implementation of life skill programmes: Part 3 of the document on life skills education in schools. Geneva: WHO, Divison of Mental Health.

2 Unterrichtsabschnitte

2.1 Starke Kinder

Auf einen Blick

Dimension

Angestrebt wird in diesem Bereich ein differenziertes und reflektiertes Bild von der eigenen Person. Dies setzt Kenntnisse der eigenen Stärken und Schwächen voraus, gleichzeitig aber auch ein gewisses Maß an positivem Selbstwertgefühl und Vertrauen in die eigenen Fähigkeiten.

Ziele

- in die Inhalte und Rituale der Unterrichtseinheit einführen
- Vertrautheit und Vorhersehbarkeit schaffen
- eine persönliche Beziehung zur Unterrichtseinheit aufbauen

Stundenüberblick

1. **Eröffnung**
2. **Entspannungsteil:** Atemübung
3. **Hauptthema:** Erarbeiten von Gruppenregeln, Erstellen und Unterzeichnen des Vertrages
4. **Hausaufgabe:** „Igor Igel"-Finger- oder Handpuppen basteln
5. **Gemeinsamer Abschluss:** Lied hören bzw. singen („Starke Kinder")

Benötigtes Material

- Atemübungen (Seite 39)
- Gummibänder
- Symbole für Gruppenregeln (KV 1–5)
- Igel-Vertrag (KV 6)
- großer Bogen Papier, Klebstoff, Malstifte
- Bastelvorlage: „Igor Igel-Puppe" (KV 7)
- Lied „Starke Kinder" (Seite 41 ff.)
- evtl. Musikkassette oder CD mit dem Lied „Starke Kinder"

Vorbereitungen

- Atemübung lernen
- Symbole für Gruppenregeln und Igel-Vertrag auf gewünschtes Format vergrößern, damit daraus ein großes Plakat entstehen kann
- evtl. eigene Symbole für zusätzliche Regeln entwerfen
- evtl. einen fertigen Vertrag für jedes Kind kopieren
- Bastelvorlage für Finger- oder Handpuppe in gewünschter Größe kopieren

Zusätzliche Aktivitäten

- jedes Kind gestaltet seinen eigenen Vertrag (auf DIN-A3-Papier)
- die Kinder unterschreiben mit einem Fingerabdruck
- andere Lieder zum Thema Stärke/ Persönlichkeitsförderung singen
- andere Atemübungen

Methodische Anregungen

1. Eröffnung

Die heutige Stunde dient als Eröffnungs- und Schnupperstunde der Unterrichtseinheit. Dabei stellt auch die Aufklärung der Kinder über die Ziele der „Igelstunden" einen großen Schwerpunkt dar. Um Transparenz bei den Kindern zu schaffen ist es sinnvoll, die Ziele kindgerecht zu beschreiben. Sie können als

- sich selbst besser kennen lernen
- mit anderen besser spielen lernen
- mit schwierigen Dingen besser umgehen lernen

bezeichnet werden. Auch eine Vorstellung von *Igor Igel,* der beim Lernen dieser Dinge helfen soll, ist angebracht. Um den Kindern ein Gefühl der Vertrautheit und Vorhersehbarkeit des Unterrichtsablaufes zu vermitteln, kann das Unterrichtsritual offen gelegt werden.

2. Entspannungsteil

Da die Entspannung auch als Teil des Unterrichtsrituals verstanden wird, sollte bereits an dieser Stelle eine konkrete Übung zur Veranschaulichung durchgeführt werden.
Die Begriffe Anspannung – Entspannung können den Kindern mit Hilfe eines *Gummibandes* illustriert werden.
Zur Einführung wird zunächst das Durchführen einer einfachen *Atemübung* vorgeschlagen. Erst später sollen Ganzkörperübungen und Fantasiereisen hinzukommen, damit die Kinder langsam an die Entspannung und die damit verbundenen Empfindungen herangeführt werden. Ein solches Vorgehen dient dem positiven Erleben des Entspannungszustandes.

Atemübungen

Sonne und Schneemann
Die Kinder stehen paarweise nebeneinander, eines ist die Sonne, eines der Schneemann. Wenn die Sonne aufgeht (Arme seitlich nach oben nehmen und einatmen), schmilzt der Schneemann und wird ganz klein (Arme seitlich senken und ausatmen), schneit es wieder und der Schneemann wird groß (aufrichten).
Rollen wechseln.

Holzhacken
Mit beiden Händen das Beil über den Kopf heben (einatmen) und es tief hinabsausen lassen (ausatmen).

Äpfel pflücken
Mit der rechten Hand ganz weit oben einen Apfel pflücken. Er hängt so hoch, dass man das linke Bein vom Boden heben muss. Der Apfel wird in den Korb gelegt (bücken). Dasselbe mit der linken Hand, dabei das rechte Bein vom Boden heben. (Beim Strecken einatmen, beim Bücken ausatmen.)

Die Rodelbahn
Dabei sitzen die Kinder an ihrem Platz oder im Kreis.
„Du stellst dir vor, es ist Winter. Draußen ist es ganz schön kalt und über Nacht hat es sogar geschneit. Du nimmst deinen Schlitten und gehst zum Rodelberg hinüber. Zuerst musst du den ganzen Rodelberg hinaufsteigen. Langsam, Schritt für Schritt stapfst du nach oben (dabei einatmen) und wenn du oben angekommen bist, schwingst du dich auf den Schlitten und saust – Hui! – nach unten (dabei ausatmen)."
Dieses mehrfach wiederholen.
Wenn die Übung schon bekannt ist, kann sie auch durch Auf- bzw. Abwärtsbewegungen der Arme unterstützt werden.

3. Hauptthema

Die *Regeln,* die in den Unterrichtsstunden gelten sollen, werden gemeinsam mit den Kindern erarbeitet. Die durch Igor Igel veranschaulichten Regeln können auch

durch andere Regeln, die in dieser Klasse besonders wichtig erscheinen, ergänzt oder ersetzt werden. Allerdings sollte die Anzahl der Regeln besonders in den jüngeren Klassen überschaubar bleiben.
Nach dem gemeinsamen Erarbeiten der Gruppenregeln können die entsprechenden Symbole ausgeschnitten und auf den *Vertrag* geklebt werden. Ziel ist es, ein großes, schönes Plakat zu gestalten. Dabei kann erklärt werden, was ein Vertrag ist und welche Folgen daraus entstehen. Es kann durchaus auch besprochen werden, was geschehen soll, wenn jemand die Regeln nicht beachtet. Alle Kinder unterschreiben dann diesen Vertrag am Rand. Durch einen symbolischen Händedruck (alle Kinder fassen sich in einem großen Kreis gegenseitig an den Händen) wird der Vertrag besiegelt und anschließend gut sichtbar aufgehängt. *Dieses Vertragsplakat sollte während der gesamten Dauer aller Unterrichtseinheiten zu sehen sein. Die Lehrkräfte sollten die Kinder immer wieder auf die Regeln aufmerksam machen.*
Zusätzlich kann jedem Kind eine Kopie eines fertigen Vertrages mit allen Regeln feierlich überreicht werden.

Beispiel für die Gestaltung des Vertrages (Kopiervorlagen 1–6)

4. Hausaufgabe

Jedes Kind soll mit Hilfe seiner Eltern eine *„Igor Igel"-Finger- oder Handpuppe* basteln (Anleitung Kopiervorlage 7). Die Puppen werden später gebraucht, können aber auch „zwischendurch" eingesetzt werden. Die Mitarbeit der Eltern bewirkt außerdem deren frühe, praktische Einbeziehung in das Projekt. Die fertigen Puppen können an einem gut sichtbaren Ort in der Klasse aufbewahrt oder aufgehängt werden.

5. Gemeinsamer Abschluss

Zum Ausklang des heutigen Abschnittes dient das Lied *„Starke Kinder"*. Es steht sinnbildlich für die Ziele der gesamten Einheit. Optimal wäre das Vorspielen auf Kassette oder CD (vgl. S. 19). Wenn die Kinder möchten, können sie dazu auch tanzen. Im weiteren Verlauf der Stunden sollten die Kinder den Text lernen, damit sie mitsingen können. Eine Besprechung des Textes – etwa zu einem späteren Zeitpunkt – liegt im Ermessen der Lehrkraft.

Lied

Starke Kinder

Starke Mädchen haben nicht nur schöne Augen.
Starke Mädchen haben Fantasie und Mut.
Starke Mädchen wissen selbst, wozu sie taugen.
Starke Mädchen kennen ihre Chancen gut.
Starke Jungs, die können nicht nur Muskeln zeigen.
Starke Jungs, die zeigen Köpfchen und Gefühl.
Starke Jungs woll'n ihre Meinung nicht verschweigen.
Starke Jungs, die kommen lächelnd an ihr Ziel.

Starke Kinder halten felsenfest zusammen,
Pech und Schwefel, die sind gar nichts gegen sie,
ihren Rücken lassen sie sich nicht verbiegen,
starke Kinder, die zwingt keiner in die Knie.

Starke Kinder haben Kraft, um sich zu wehren,
und sie sehn dir frei und ehrlich ins Gesicht.
Starke Kinder wollen nur die Wahrheit hören,
und so leicht betrügt man starke Kinder nicht.

Starke Mädchen stehen fest auf ihren Beinen.
Starke Mädchen wollen alles ausprobier'n.
Starke Mädchen sagen ehrlich, was sie meinen.
Starke Mädchen können siegen und verlier'n.

Starke Jungs, die wollen alles selbst erleben.
Starke Jungs, die können auch mal Zweiter sein.
Starke Jungs sind stark genug um nachzugeben.
Starke Jungs, die fall'n auf Sprüche nicht herein.

Starke Kinder halten felsenfest zusammen ...
Starke Kinder haben Kraft, um sich zu wehren ...
und so leicht betrügt man starke Kinder nicht ...

Musik und Text: Rolf Zuckowski
CD / MC: „Starke Kinder", Polydor CD 841 615-2 und MC 841 615-4

Starke Kinder

C7 C F G C
Star- ke Kin - - der hal- ten fel - sen- fest zu- sam - men.
Star- ke Kin - - der ha- ben Kraft um sich zu weh - ren
F G7 C
Pech und Schwe - fel, die sind gar nichts ge- gen sie,
und sie sehn dir frei und ehr - lich ins Ge- sicht.
C7 F G/F C/E
ih- ren Rü- cken las- sen sie sich nicht ver- bie - gen,
Star- ke Kin- der wol- len nur die Wahr- heit hö - ren,
1. Am D7/F♯ D7 B♭
star - ke Kin - - der, die zwingt kei - ner in die Knie.
G 2. Am D7 G7
Star- ke Kin - und so leicht be- trügt man star- ke Kin- der
F6 G7
nicht. 3. Star - ke Mäd -
D. S. con rep. al Coda
C Am F G7
nicht. und so leicht be- trügt man star- ke Kin - der
F6 G7 C
nicht.

2.2 Meine Welt

Auf einen Blick

Dimension

Angestrebt wird in diesem Bereich ein differenziertes und reflektiertes Bild von der eigenen Person. Dies setzt Kenntnisse der eigenen Stärken und Schwächen voraus, gleichzeitig aber auch ein gewisses Maß an positivem Selbstwertgefühl und Vertrauen in die eigenen Fähigkeiten.

Ziele

- sich mit der eigenen Person beschäftigen
- eigene besondere Eigenschaften erkennen

Stundenüberblick

1. **Eröffnung:** Lied singen bzw. hören („Starke Kinder")
2. **Entspannungsteil:** Atemübung
3. **Hauptthema:** Meine Welt
4. **Gemeinsamer Abschluss**
5. **Hausaufgabe:** Bild zu Ende malen

Benötigtes Material

- Lied „Starke Kinder"
- evtl. Musikkassette oder CD
- Atemübungen (S. 39)
- große Blätter Zeichenpapier
- Malstifte

Vorbereitungen

- auf dem Zeichenpapier einen großen, äußeren und einen kleinen, inneren Kreis vorgeben

Zusätzliche Aktivitäten

- die Kinder können Fotos von sich mitbringen und untereinander zeigen
- Ich-Dose: Jedes Kind bringt drei Gegenstände mit, die mit ihm persönlich zu tun haben, und erläutert, warum sie so wichtig sind. Anschließend werden diese Dinge in einer selbst gebastelten Ich-Dose (aus praktischen Gründen evtl. auch „Ich-Tüte") von jedem Kind gesammelt.
- andere Atemübungen

Methodische Anregungen:

1. Eröffnung

Als Einführung für diese Stunde wird wiederum das Lied *„Starke Kinder"* gewählt, mit dem die Unterrichtseinheit assoziiert werden soll. Es wird auf Kassette oder CD vorgespielt und die Kinder werden zum Mitsingen animiert.
Anschließend sollte noch einmal auf die in dieser Stunde geltenden Regeln und auf das Stundenritual hingewiesen werden. Dafür sollten die Regeln visualisiert vorliegen (auf das Plakat verweisen). Dies gibt den Kindern das Gefühl der Vertrautheit.

2. Entspannungsteil

Wie angekündigt, führen die Kinder als Nächstes eine *Atemübung* durch. Verwenden Sie dabei die in der letzten Stunde durchgeführte Atemübung, da dies Vertrautheit schafft. Außerdem wird die Durchführung von Atemübungen so eingeübt und automatisiert. Dies ist für die spätere Hinführung zu Ganzkörperentspannungen wichtig. Anschließend beantwortet jedes Kind, wie es die Übung empfand bzw. wie es sich jetzt fühlt, um die Verbalisierung von Gefühlen zu üben und den Erfolg der Übung zu überprüfen.

3. Hauptthema

Bild „Meine Welt"

Es folgt *„Meine Welt"*, eine Übung mit deren Hilfe die Kinder sich über sich selbst Gedanken machen sollen. Dafür werden die Zeichenblätter mit den vorgegebenen Kreisen ausgeteilt. Sagen Sie beispielsweise: „Ich möchte nun, dass ihr euch einmal Gedanken darüber macht, warum ihr so besonders und einzigartig seid. Darum zeichnet bitte als Erstes ein Bild von euch in den inneren, kleinen Kreis." Wenn das Bild fertig ist, erfolgt die zweite Aufgabenstellung: „Zeichnet in den äußeren, großen Kreis alles, was zu eurer Welt dazugehört. Malt eure Welt". Die Kinder sollen durch diese allgemein gehaltene Aufforderung zum Nachdenken darüber angeregt werden, was ihnen in „ihrer Welt" wichtig erscheint. Es kann aber sein, dass diese Anweisung für einige Schüler zu global ist. Dann können natürlich einige Anregungen gegeben werden (Familie, Freunde, Hobbys, Haustiere, Umwelt usw.). Während die Kinder malen, kann im Hintergrund Musik zu hören sein. Die Lehrkraft wendet sich einzelnen Kindern zu und lässt die bereits gemalten Bildelemente erklären.
Wenn die Bilder annähernd fertig gestellt sind, sollten sich die Kinder zu Paaren zusammenfinden. In Fällen von ungerader Kinderzahl, bzw. wenn es extreme Außenseiter in der Klasse gibt, ist u.U. auch das Bilden einzelner Dreiergruppen sinnvoll. Jedes Paar (jede Dreiergruppe) sollte ein gemeinsames Merkmal aufweisen, z.B. Haarfarbe, Größe, beide (alle drei) im Fußballverein, beide (alle drei) tragen ein rotes Sweatshirt, beide (alle drei) wohnen in derselben Straße usw. Die Auswahl des Merkmals sollte dabei weitestgehend den Kindern überlassen sein. So ist gewährleistet, dass sich die Kinder nur mit solchen Partnern zusammenfinden, denen sie Vertrauen entgegenbringen. Dies ist hier besonders wichtig, denn nun werden sich die Kinder in diesen Paaren *gegenseitig ihre „Meine Welt"-Bilder erklären.*
Eventuell ist es sinnvoll, nach der Hälfte der Zeit den Wechsel der erzählenden Person zu forcieren, damit die Kinder etwa gleich lange von sich erzählen dürfen. Dieses Vorgehen dient noch einmal der Konzentration der Kinder auf sich selbst und übt gleichzeitig auch schon das Sprechen und Zuhören. Die Besprechung in einem Zweiergespräch erscheint auch deshalb sinnvoll, da es in einem intimen Gespräch leichter fällt, von sich zu erzählen, als vor einem großen Publikum.

4. Gemeinsamer Abschluss

Hier kann nochmals das Lied *„Starke Kinder"* gehört bzw. gesungen werden, um die Stunde gemeinsam zu beenden.

2.3 Das bin ich

Auf einen Blick

Dimension

Angestrebt wird in diesem Bereich ein differenziertes und reflektiertes Bild von der eigenen Person. Dies setzt Kenntnisse der eigenen Stärken und Schwächen voraus, gleichzeitig aber auch ein gewisses Maß an positivem Selbstwertgefühl und Vertrauen in die eigenen Fähigkeiten.

Ziele

- sich mit der eigenen Person beschäftigen
- durch den Vergleich mit anderen ein Identitätsgefühl aufbauen
- besseres Kennenlernen der Kinder untereinander
- Akzeptanzverbesserung

Stundenüberblick

1. **Eröffnung:** Lied singen bzw. hören („Starke Kinder")
2. **Entspannungsteil:** Atemübung
3. **Hauptthema:**
   – Einstiegsübung: Schatzkästchen
   – Hauptübung: Das Ich-Buch
4. **Hausaufgabe:** Zettel mit Adresse vorbereiten

5 **Gemeinsamer Abschluss:** Kreisgespräch

Benötigtes Material

- Lied „Starke Kinder"
- evtl. Musikkassette oder CD
- Handspiegel
- Dose oder Kasten
- Ich-Buch-Blätter (KV 8–10)
- Malstifte

Vorbereitungen

- Spiegel in die Dose kleben
- Material (s. o.) in ausreichender Anzahl bereithalten

Zusätzliche Aktivitäten

- die Kinder können Fotos von sich mitbringen und in das Ich-Buch kleben
- die Kinder können einen Baum der Einzigartigkeit erstellen, an dem jedes Kind ein selbst gestaltetes Blatt Papier anbringt mit seinem Namen und dem Merkmal, das es an sich selbst als einzigartig empfindet
- das Schatzkästchen wird von jedem Kind nachgebaut
- dem Ich-Buch werden eigene Seiten hinzugefügt, z.B. „Meine Lieblingsfarbe", „Mein Lieblingstier", „Mein Leibgericht" o. Ä.
- andere Atemübungen

Methodische Anregungen

1. Eröffnung

Auch diese dritte Stunde der Unterrichtseinheit sollte wieder mit dem Lied *„Starke Kinder“* eröffnet werden. Wenn die Kinder das Lied bereits hinreichend beherrschen, können sie vielleicht schon mitsingen.
Anschließend sollte noch einmal auf die in dieser Stunde geltenden Regeln und auf das Stundenritual hingewiesen werden. Dafür sollten die Regeln visualisiert vorliegen (auf das Plakat verweisen). Dies gibt den Kindern ein Gefühl der Vertrautheit.

2. Entspannungsteil

Danach sollte wieder eine *Atemübung* durchgeführt werden. Den Kindern erscheint eine solche Übung zunehmend vertraut und legt so die Grundlage für folgende Ganzkörperentspannungen.

3. Hauptthema

Schatzkästchen

Als Eröffnungsspiel dient das *Schatzkästchen.* Wählen Sie dafür eine feste Dose mit Deckel – sie kann selbst gebastelt sein –, in die Sie einen nicht zu kleinen Handspiegel kleben. Wichtig ist in jedem Fall, dass die Dose einen gut verschließbaren Deckel hat. Sagen Sie beispielsweise: „Ich gebe nun ein Schatzkästchen herum. Jeder von euch darf es ganz vorsichtig öffnen und hineinschauen. Ihr seht darin das Bild einer ganz besonderen und einzigartigen Person. Bitte verratet nicht, wen ihr darin seht, sondern schaut in Ruhe hinein, macht dann das Kästchen wieder zu und gebt es an euren Nachbarn weiter.“
Jetzt wird die Dose herumgegeben. Diese Übung soll deutlich machen, dass jedes Kind eine besondere und einzigartige Person ist. Dies kann auch im anschließenden Gespräch mit den Kindern hervorgehoben werden.

Ich-Buch

Danach werden die *Ich-Buch-Blätter* ausgeteilt, die die Kinder mit Hilfe der Lehrkraft ausfüllen, bzw. bemalen und verzieren. Dort werden Angaben zur Person des Kindes festgehalten. Dies dient zunächst dem Nachdenken über sich selbst und so langfristig der Entwicklung eines Identitätsgefühls.
Für die Arbeit am Ich-Buch werden in dieser Unterrichtseinheit drei Abschnitte vorgeschlagen. Im Anhang sind die Teile des Ich-Buchs aufgeführt, die dabei auf jeden Fall bearbeitet werden sollten. Für diesen ersten Abschnitt bieten sich die ersten drei Blätter an. Darüber hinaus können aber auch immer wieder eigene Ideen von der Lehrkraft eingebracht werden. Die Kinder können ebenfalls dazu beitragen, ihr Ich-Buch zu einem ganz persönlichen Buch zu machen, indem sie es auf individuelle Art gestalten, z. B. dadurch, dass sie Fotos, selbst gemalte Bilder oder kleine Glücksbringer einkleben.

4. Hausaufgabe

Als Vorbereitung für die Bearbeitung der weiteren Ich-Buch-Blätter sollten die Kinder für die nächste Stunde einen Zettel mit ihrer *Adresse und Telefonnummer* mitbringen. In der 1. Klasse sollte wegen der Schreibschwierigkeiten auf das Ausfüllen dieser Angaben verzichtet werden.

5. Gemeinsamer Abschluss

Hier erscheint die Besprechung der Ich-Buch-Blätter im *Kreisgespräch* sinnvoll. So können die Kinder sich untereinander besser kennen lernen und Gemeinsamkeiten bzw. Unterschiede, von denen sie bisher nichts ahnten, entdecken.

2.4 Meine Familie und ich

Auf einen Blick

Dimension

Angestrebt wird in diesem Bereich ein differenziertes und reflektiertes Bild von der eigenen Person. Dies setzt Kenntnisse der eigenen Stärken und Schwächen voraus, gleichzeitig aber auch ein gewisses Maß an positivem Selbstwertgefühl und Vertrauen in die eigenen Fähigkeiten.

Ziele

- die eigene familiäre Situation überdenken
- die Wichtigkeit eines sozialen Gefüges erkennen
- erkennen, dass jedes Kind ein anderes individuelles Umfeld hat, in dem es zu Hause ist
- Telefonnummer und Adresse für Notfallsituationen lernen

Stundenüberblick

1. **Eröffnung:** Lied singen bzw. hören („Starke Kinder“)
2. **Entspannungsteil:** Die Marionette (S. 49)
3. **Hauptthema:** Das Ich-Buch
4. **Hausaufgabe:** Detektivauftrag 1
5. **Gemeinsamer Abschluss:** Mein rechter Platz ist leer

Benötigtes Material

- Lied: „Starke Kinder“
- evtl. Musikkassette oder CD
- Text: „Die Marionette“ (S. 49)
- Ich-Bücher
- Ich-Buch-Blätter: „Das ist meine Familie“ und „So wohne ich“ (KV 11, 12)
- Malstifte
- Detektivauftrag 1 (Kopiervorlage 16)

Vorbereitungen

- Materialien in ausreichender Anzahl bereithalten
- Entspannungsübung lernen

Zusätzliche Aktivitäten

- die Kinder erstellen einen Stammbaum
- die Kinder machen Fotos von ihrer Familie
- die Kinder zeichnen ihr Zimmer
- Arbeit mit projektiven Verfahren: Familie in Tieren, Familienbrett etc.
- Topic-Methode: Erstellen einer fiktiven Familie aus Papier, Wolle oder Stoff. Den einzelnen Personen werden Namen gegeben, verschiedene Körpergrößen und Besonderheiten herausgearbeitet

Methodische Anregungen

1. Eröffnung

Um die heutige Stunde zu eröffnen und deutlich zu machen, dass es sich wieder um eine Igel-Stunde handelt, kann wiederum das Lied *„Starke Kinder"* gehört werden. Denken Sie bitte auch an die vereinbarten Regeln (Plakat).
Auch sollte anschließend noch einmal auf die in dieser Stunde geltenden Regeln und auf das Stundenritual hingewiesen werden. Dafür sollten die Regeln visualisiert vorliegen (auf das Plakat verweisen). Dies gibt den Kindern das Gefühl der Vertrautheit.

2. Entspannungsteil

Heute kann bereits eine kleine Ganzkörperübung durchgeführt werden. Das Thema der hier vorgeschlagenen Übung *„Die Marionette"* ist den Kindern gleichzeitig hinreichend vertraut, sodass es die Kinder nicht überfordert. Da diese Übung zudem in geringem Maße bereits die Vorstellungskraft anregt, ist sie optimal zur Vorbereitung auf spätere Fantasiereisen geeignet.

Die Marionette
„Du sitzt bequem auf deinem Stuhl und atmest ruhig ein und aus. Stell dir vor, du bist eine Marionette, die mit ihren Fäden vorsichtig bewegt wird. Zuerst wird dein Kopf am mittleren Faden etwas hochgezogen, sodass du schön gerade, aber bequem sitzt. Nun lasse ich den Faden locker und dein Kopf sinkt nach vorne, jetzt ziehe ich ihn wieder hoch. Nun lockere ich einen anderen Faden, und dein Kopf sinkt zur linken Seite. Ich ziehe ihn wieder hoch und lasse ihn nun zur rechten Seite sinken und ziehe ihn wieder hoch. Nun ziehe ich den Faden an deiner linken Schulter hoch, sie hebt sich fast bis zum Ohr, und lasse wieder locker. Nun ziehe ich deine rechte Schulter hoch und lasse den Faden wieder locker. Jetzt ziehe ich noch einmal an beiden Schulterfäden gleichzeitig und lasse alle Fäden locker, sodass die Marionette langsam auf ihrem Stuhl zusammensinkt. Und nun richte ich dich wieder auf und achte darauf, dass der Kopf wieder schön gerade über den Schultern schwebt.
Und so kannst du noch einen Augenblick sitzen bleiben, ruhig ein- und ausatmen, und dann werde wieder du selbst und sei keine Marionette mehr."

3. Hauptthema

Ich-Buch

Heute wird am *Ich-Buch* weitergearbeitet. Empfohlen werden die Ich-Buch-Blätter („Das ist meine Familie" und „So wohne ich"), die den Schwerpunkt auf das persönliche Umfeld der Kinder legen. Es können jedoch auch eigene Vorschläge der Lehrkraft bearbeitet werden.
Die Kinder der 2. Klasse sollten einen zu Hause vorbereiteten Zettel mit ihrer Adresse und Telefonnummer mitbringen. Bei Erstklässlern kann auf das Ausfüllen dieser Angaben verzichtet werden.
Auch innerhalb dieses Abschnittes erscheint die vergleichende Besprechung der Ich-Buch-Blätter sinnvoll. So können die Kinder sich untereinander noch besser kennen lernen und Gemeinsamkeiten bzw. Unterschiede, von denen sie bisher nichts ahnten, entdecken. Wenn zudem die Unterschiedlichkeit als positiv im Sinne von einzigartig erlebt wird, ist das heutige Ziel des Abschnittes erreicht.

4. Hausaufgabe

Heute wird der *erste Detektivauftrag* zum Thema „Heute habe ich etwas Tolles geschafft" als Hausaufgabe ausgeteilt. Er dient der Selbstbeobachtung im Alltag und dem Transfer der Unterrichtsziele über die Unterrichtseinheit hinaus. Gleichzeitig können so die Umsetzung fördernden bzw. auch hemmenden Faktoren identifiziert werden.
Bitte erklären Sie genau, dass die Kinder in den nächsten sieben Tagen (bzw. in dem Zeitraum bis zur geplanten Besprechung der Aufgabe) möglichst oft überlegen sollen, ob sie festgestellt haben, dass sie etwas Besonderes gemacht oder vollbracht haben. Immer dann sollen sie den entsprechenden Kreis mit dem lachenden

Igor Igel auf dem Detektivauftrag ankreuzen oder anmalen. Zudem hat es sich als sinnvoll erwiesen, möglichst den genauen Termin anzukündigen, an dem dieser Detektivauftrag in einer der folgenden Stunden besprochen wird. So wird das Vorgehen für die Kinder transparenter und eine Bearbeitung der Hausaufgabe wahrscheinlicher.

5. Gemeinsamer Abschluss

Da die Arbeit am Ich-Buch sehr viel Konzentration von den Kindern erforderte, wird heute zum Ausklang des Abschnittes ein Spiel vorgeschlagen. Es handelt sich dabei um eine modifizierte Version von *„Mein rechter Platz ist leer …“*. Dabei wird die Zeile „… ich wünsche mir die/den … (Name des Kindes) her“ erweitert, indem die Kinder eine besondere Eigenschaft des herangewünschten Kindes aufführen sollen, z. B. „weil er so schöne Haare hat“ oder „weil sie mir immer Mut macht“. Wichtig ist es darauf zu achten, dass alle Kinder im Spiel ihren Platz wechseln. Alternativ sind aber auch andere Kreisspiele denkbar, z. B. „Ich sitze im Grünen …“.

2.5 Das ist mein Körper

Auf einen Blick

Dimension

Ziel der Arbeit an dieser Dimension ist es, den eigenen Körper besser kennen zu lernen, um so langfristig die Verantwortlichkeit für die eigene Gesundheit zu fördern.

Ziele

- die Einzigartigkeit des eigenen Körpers erkennen
- Unterschiede zu anderen feststellen
- Veränderungen des Körpers entdecken
- Sinne bewusst einsetzen

Stundenüberblick

1. **Eröffnung:** Lied singen bzw. hören („Starke Kinder")
2. **Entspannungsteil:** Die Marionette
3. **Hauptthema:** Das Ich-Buch
4. **Hausaufgabe:** Das Ich-Buch ergänzen oder verschönern
5. **Gemeinsamer Abschluss:** Blinde Kuh spielen
   Kreisgespräch

Benötigtes Material

- Liedblatt: „Starke Kinder"
- evtl. Musikkassette oder CD
- Text: „Die Marionette" (S. 49)
- Text: „Der etwas andere Morgen" (S. 52)
- Ich-Bücher
- Wollfäden/Maßbänder/Faltstreifen aus Papier
- Ich-Buch-Blätter „Ich messe mich", „Meine linke Hand", „Mein rechter Fuß". (KV 13–15)
- Malstifte
- Tuch oder Schal

Vorbereitungen

- Materialien in ausreichender Anzahl bereithalten

Zusätzliche Aktivitäten

- die Kinder bemalen sich gegenseitig die Hände mit Fingerfarbe und machen Handabdrücke
- die Kinder fertigen Gipsmasken von ihren eigenen Gesichtern und bemalen sie
- die Kinder schminken sich selbst oder gegenseitig

Methodische Anregungen

1. Eröffnung

Auch diese Stunde kann wieder mit dem Lied *„Starke Kinder"* eröffnet werden. Die Kinder können dazu tanzen. Alternativ ist auch ein Morgenkreis zum Thema „Körper" denkbar. Anhand des Plakates sollte auf die Gruppenregeln verwiesen werden.

2. Entspannungsteil

Als Entspannungsübung wird heute analog zum vorherigen Abschnitt *„Die Marionette"* (siehe S. 49) durchgeführt. Diese dient wie bereits erwähnt mehr als die in den Stunden zuvor durchgeführten Atemübungen der körperlichen Entspannung und spricht daher den ganzen Körper an. Sie ist so die ideale Hinführung auf später vorgesehene Fantasiereisen.

Im Anschluss an die Übung sollte in jedem Fall eine Rückmelderunde stattfinden, in der die Kinder kurz und unbewertet ihre Erfahrungen bei der Entspannung schildern dürfen. Dies übt zum einen die Verbalisierung von Gefühlen, dient zum anderen aber auch der Lehrkraft zur Überprüfung, inwieweit die Übung bereits von den Kindern beherrscht wird.

Nach Ermessen der Lehrkraft kann im Vorfeld schon das Augenschließen geübt werden. Hierzu dient die Geschichte *„Der etwas andere Morgen"*.

Bevor die Geschichte beginnt, teilt die Lehrkraft den Kindern bestimmte Rollen zu. Das erste Kind ist ein Laster, das zweite ein Pkw (kleines Auto), das dritte ein Schulbus, das vierte ein Zug, das fünfte wieder ein Laster, das sechste wieder ein Pkw (kleines Auto) usw. Jedes Mal wenn in der folgenden Geschichte nun eines dieser Fahrzeuge erwähnt wird, können die jeweiligen Kinder mit geschlossenen Augen von ihrem Platz aufstehen und ein Geräusch machen, das zu dem jeweiligen Fahrzeug passt (z.B. Laster: tiefes Brummen; Zug: scht-scht, tut-tut o. Ä.). Dabei sollten die Augen nicht geöffnet werden. Nun beginnt die Geschichte:

Der etwas andere Morgen

„Ich werde euch jetzt gleich eine Geschichte erzählen. Ihr sitzt ruhig auf eurem Platz und habt die Hände auf die Oberschenkel gelegt und die Augen geschlossen. Ihr wisst, dass ihr in dieser Geschichte Fahrzeuge seid. Es gibt Laster (Geräusche), kleine Autos (Geräusche), Schulbusse (Geräusche) und Züge (Geräusche). Und nun fängt die Geschichte an:

Als ich heute Morgen aufgestanden bin, habe ich gleich gemerkt, dass heute alles ein bisschen anders ist. Es fing schon damit an, dass mich der Lärm von einem vorbeifahrenden Zug (Geräusche) geweckt hat. Komisch, dachte ich bei mir, sonst schlafe ich immer, bis die ersten Laster (Geräusche) meine Straße entlangfahren. Als ich dann selbst in meinem kleinen Auto (Geräusche) zur Schule fahren wollte, passierte es: Mein Auto (Geräusche) sprang nicht an. Nach ganz vielen vergeblichen Versuchen es zu starten, gab ich es auf. Ich wollte stattdessen mit dem Schulbus (Geräusche) fahren. Aber an der Haltestelle angekommen, musste ich feststellen, dass der Schulbus (Geräusche) schon weg war. Schnell lief ich zum Bahnhof. Beim Überqueren der Hauptstraße wurde ich beinah von einem Laster (Geräusche) überrollt, weil ich nicht richtig aufgepasst hatte. Doch glücklicherweise erreichte ich trotzdem noch den letzten Zug (Geräusche). Aber der Zug (Geräusche) war total überfüllt! Sehnsüchtig dachte ich an mein kleines Auto (Geräusche), als mich ein Schaffner nach der Fahrkarte fragte. Ich hatte noch keine und musste sie nun teuer kaufen. Wäre ich doch wenigstens mit dem Schulbus (Geräusche) gefahren! Das wäre billiger gewesen. Aber dafür fuhr der Zug (Geräusche) ein bisschen schneller. Als ich aus dem Fenster schaute, überholte der Zug (Geräusche) gerade einen Laster (Geräusche). Das hätte ich mit meinem kleinen Auto (Geräusche) nicht geschafft. Und an einem Bahnübergang hat der Zug (Geräusche) immer Vorfahrt, da müssen sie alle warten: die Laster (Geräusche), die kleinen Autos (Geräusche), der Schulbus (Geräusche). Ganz hinten in der Schlange der wartenden Autos sah ich den Bürgermeister in seinem (Pause) ... großen Auto (keine Geräusche). Und so bin ich dann doch noch pünktlich zur Schule gekommen."

Natürlich liegt es im Ermessen der Lehrkraft, diese Geschichte zu verändern oder auch eine andere Übung zu verwenden.

3. Hauptthema

Ich-Buch

Im Anschluss daran wird als heutiges Hauptthema am *Ich-Buch* weitergearbeitet. Dabei wird in der vorgeschlagenen Gliederung des heutigen Abschnitts verstärkt auf die Beschäftigung mit dem eigenen Körper geachtet. Dazu gehören das Anfertigen von *Hand- und Fußabdrücken* und die Beschäftigung mit den *Körpermaßen*. Dabei werden Körperlänge und -umfang mit Hilfe von Wollfäden oder Faltstreifen aus Papier ausgemessen. Diese werden dann an den entsprechenden Stellen in das Ich-Buch eingeklebt. Für ältere Kinder eignet es sich auch, die Angaben schon in Zentimetern eintragen zu lassen. Wird die Messung nach einem Jahr wiederholt, so können die Kinder auch Veränderungen feststellen.

Wenn die Zeit beim Messen zu knapp wird, kann die Fertigstellung der Arbeitsblätter auch als *Hausaufgabe* mitgegeben werden.

Darüber hinaus ist ein Vergleich von Augen, Haaren, Händen in der gesamten Klasse denkbar, denn wie bereits in den beiden Abschnitten zuvor haben die Kinder durch den Austausch der Ich-Buch-Information die Möglichkeit, sich gegenseitig besser kennen zu lernen und Verschiedenheit positiv zu bewerten. Diese Vergleiche sind gut in einem *Kreisgespräch* durchzuführen.

4. Hausaufgabe

Als Hausaufgabe kann heute die Fertigstellung der Seiten des Ich-Buches bzw. deren individuelle Verschönerung gegeben werden.

5. Gemeinsamer Abschluss

Als Ausklang der heutigen Stunde kann nach dem Arbeiten am Ich-Buch, das viel Konzentration erforderte, ein Bewegungsspiel gemacht werden. Das herkömmliche *„Blinde Kuh"-Spiel* erscheint hier sinnvoll, da es ebenfalls die Körperwahrnehmung der Kinder schult. Zudem lernen sie auf andere Sinne als das Sehen zu achten. Alternativ bieten sich allerdings auch das Tasten unter einer Decke oder eine Blackbox (ein geschlossener Karton mit zwei Eingriffslöchern für die Hände, in dem sich eine Tüte mit Gegenständen befindet, die die Kinder ertasten sollen) an.

Ferner können *Kim-Spiele* (Spiele, bei denen mit verbundenen Augen verschiedene Gerüche, Geräusche oder abgetastete Formen richtig benannt werden müssen) sinnvoll sein, die jedoch in der Regel keine Bewegungskomponente enthalten.

2.6 Körperteile unterscheiden

Auf einen Blick

Dimension

Ziel der Arbeit an dieser Dimension ist es, den eigenen Körper besser kennen zu lernen, um so langfristig die Verantwortlichkeit für die eigene Gesundheit zu fördern.

Ziele

- die unterschiedlichen Körperteile spielerisch kennen lernen
- die körperbezogene Wahrnehmung schulen
- auf andere Sinne als den Gesichtssinn konzentrieren

Stundenüberblick

1. **Eröffnung:** Morgenkreis
2. **Besprechung der Hausaufgabe:** Detektivauftrag 1
3. **Entspannungsteil:** Die Marionette
4. **Hauptthema:**
   – Einführungslied: „Ich habe einen Kopf"
   – Spiel: Punktueller Berührungsreiz
5. **Gemeinsamer Abschluss:** Blindenführung

Benötigtes Material

- Text: „Die Marionette" (S. 49)
- Text: „Der etwas andere Morgen" (S. 52)
- Lied: „Ich habe einen Kopf" (S. 56)

Vorbereitungen

- die Kinder sollten sich im Raum frei bewegen können, d.h. eventuell Tische beiseite stellen

Zusätzliche Aktivitäten

- Zeichen- und Leselernübungen, die die verschiedenen Körperteile benennen helfen
- die Kinder können durch Turnübungen zeigen, was sie mit ihrem Körper alles machen können
- Bewegungsübungen, die verschiedene Körperareale (Arme, Rumpf usw.) nacheinander ansprechen

Methodische Anregungen

1. Eröffnung

Die heutige Stunde beginnt mit einem Morgenkreis. Dabei sollen die Kinder dazu angeregt werden von sich selbst zu erzählen. Unter dem *Thema: „Ich bin ich"* stellt sich im Kreisgespräch jedes Kind kurz vor. Durch die bisherige Beschäftigung mit dem Ich-Buch haben die Kinder dazu wahrscheinlich schon Anregungen erhalten. Dabei soll mindestens eine besondere Eigenschaft, auf die das Kind stolz ist, herausgestellt werden. Die anderen Kinder können auch dabei helfen. Die Kommentare sollten aber ernst gemeint sein und möglichst positiv auf das betreffende Kind wirken. Am besten ist, die Lehrkraft beginnt sich vorzustellen. So wird den Kindern die Scheu sich zu öffnen genommen.

2. Besprechung der Hausaufgabe

Daraufhin wird der *Detektivauftrag 1*, der in der vergangenen Woche geführt wurde, besprochen. Mögliche Fragen können sein: „Was hast du alles geschafft?", „Wie war das für dich?". Eventuell muss ebenso besprochen werden, warum der Detektivauftrag zu selten ausgefüllt wurde und wie man das in Zukunft ändern kann.

3. Entspannungsteil

Als Entspannungsübung wird heute noch einmal *„Die Marionette"* (siehe S. 49) durchgeführt. Alternativ kann eine *Atemübung* (S. 39) oder *„Der etwas andere Morgen"* durchgeführt werden (siehe S. 52).

4. Hauptthema

Lied

Anschließend wird ein neues Lied *„Ich habe einen Kopf"* erlernt. Dieses Lied (s. S. 56) kann das Gefühl der Einzigartigkeit weiter fördern. Es vermittelt auch Körperbewusstsein. Benennungen der einzelnen Körperteile werden gelernt und spielerisch eingeübt. Es liegt im Ermessen der Lehrkraft, das Lied in der 1. Klasse zu kürzen.

Spiel

Um das Körperbewusstsein zu fördern, wird als Hauptthema dieses Abschnitts das Spiel *„Punktueller Berührungsreiz"* eingeführt. Dabei liegen die Kinder auf dem Boden und haben die Augen geschlossen, verschiedene Körperteile werden berührt und von den Kindern benannt. Drei Alternativen im Vorgehen sind denkbar:

- nur die Lehrkraft berührt die Kinder.
- Vergleichbar mit dem Spiel „Stille Post" berührt die Lehrkraft zunächst verschiedene Körperteile eines Kindes, welches wiederum ein weiteres Kind berührt ... (der Reihe nach weiter).
- Durchführung der Übung in Partnerarbeit.

Dieses Spiel dient auch der Vorbereitung der Entspannungsübung der nächsten Stunde, indem bereits das Augenschließen geübt wird.

Ich habe einen Kopf

2. Ich habe einen Kopf,
zwei Beine hab ich auch.
Und einen, einen,
einen runden Bauch.

3. Die Augen, die sind hier.
Der Mund, mit dem man spricht.
Die Nase, Nase
ist mitten im Gesicht.

4. Ich hab ja so viel Haar.
Und Füße, um zu stehn.
Und Muskeln, Muskeln,
das kann ein jeder sehn.

5. Zehn Finger hab ich hier.
Zehn Zehen wackeln froh.
Und hinten, hinten,
da hab ich noch den Po.

6. Die Beine, um zu gehn.
Die Ohren, die sind hier.
Jetzt weißt du, weißt du,
weißt du viel von mir.

7. Wir haben einen Kopf
und in dem Kopf Verstand.
Und denken, denken
uns so allerhand.

8. Ja, alles, was ich hab,
das hast du ebenso.
Drum tanzen, tanzen,
tanzen wir so froh.

Text: Rolf Krenzer/Melodie: Ludger Edelkötter

5. Gemeinsamer Abschluss

Um den taktilen Sinn noch weiter zu schulen wird als Abschluss der heutigen Stunde das Spiel *„Blindenführung"* gespielt. Dabei finden sich die Kinder zu Paaren zusammen. Ein Kind schließt nun die Augen und lässt sich von dem anderen führen. Wichtig ist bei der Ankündigung und Erläuterung der Spielregeln herauszustellen, dass das Vertrauen, das die oder der Blinde in die führende Person hat, von dieser mit einer erklärenden, sanften Art der Führung belohnt werden sollte. Nach einer Weile werden die Rollen „blind" und „führend" getauscht. Gleichzeitig dient dieses Spiel auch der Steigerung der Kommunikationsfähigkeit der Kinder untereinander und dem Aufbau von Vertrauen.
Die Blindenführung als Bewegungsspiel ist an dieser Stelle auch aus dem Grund sinnvoll, weil das Spiel „Punktueller Berührungsreiz" bereits sehr viel Ruhe von den Kindern erforderte. Wenn aber dieser Abschnitt auf Wunsch der Lehrkraft tatsächlich ruhig ausklingen soll, kann wieder die Methode des *Kreisgespräches* angewendet werden, in dem die Kinder ihre Erfahrungen der heutigen Stunde austauschen („Wie hat es dir gefallen?", „Was hast du heute gelernt?", „Was war angenehm, was war unangenehm?").

2.7 Entspannen lernen

Auf einen Blick

Dimension

Ausgeprägte Lebenskompetenz zeigt sich in diesem Bereich vor allem im effektiven Umgang mit belastenden Situationen. Die Kinder sollen eine größere Anzahl von wirksameren Strategien zum Umgang mit Stress und negativen Emotionen wie Angst und Ärger kennen lernen. In der Folge bedeutet dies, dass viele Situationen nicht mehr als Belastung, sondern vielmehr als Herausforderung angesehen werden.

Ziele

- die Fantasie aktivieren
- körperliche Entspannung erfahren
- Empfindungen austauschen

Stundenüberblick

1. **Eröffnung:** Lied singen („Ich habe einen Kopf")
2. **Entspannungsteil und Hauptthema:** Fantasiereise durchführen; Feed-back-Runde
3. **Gemeinsamer Abschluss:** nach Musik Fantasiebild malen
4. **Hausaufgabe:** Detektivauftrag 2

Benötigtes Material

- Lied „Ich habe einen Kopf" (S. 56)
- Fantasiereise
- große Bogen Papier
- Detektivauftrag 2 (KV 17)

Vorbereitungen

- passende Musik auswählen
- das Vorlesen der Fantasiereise sollte gründlich geübt sein

Zusätzliche Aktivitäten

- Diskussion: Was ist Stress?
- die Kinder können wie kleine Reporter ihre Eltern und andere interviewen: Was machen sie bei Stress?
- progressive Muskelentspannungsübungen nach Jacobsen

Methodische Anregungen

1. Eröffnung

Als Eröffnung des heutigen Abschnitts wird das im vergangenen Abschnitt erlernte Lied *„Ich habe einen Kopf"* gesungen. Die Lehrkraft sollte dabei darauf achten, dass an den entsprechenden Stellen auf die entsprechenden Körperteile gezeigt wird. Dies macht den Kindern auch mehr Spaß. Im Anschluss sollte wieder auf den geschlossenen Vertrag und das Einhalten der geltenden Regeln hingewiesen werden.

2. Entspannungsteil und Hauptthema

Vom vorherigen Abschnitt kann zum heutigen übergeleitet werden, indem verdeutlicht wird, dass es nicht nur wichtig ist sich körperlich gesundheitsfördernd zu verhalten, sondern dass sich auch Kinder dazu manchmal entspannen müssen um neue Kraft zu tanken. Eine Art und Weise dieser Entspannung wollen Sie ihnen im Anschluss beibringen.
Um die *Fantasiereise* erfolgreich durchzuführen, ist es sinnvoll mit den Kindern zunächst eine angenehme Sitzhaltung zu finden, die durchaus von Kind zu Kind verschieden sein kann. Auch das Augenschließen stellt für manche Kinder ein Problem dar und sollte deshalb nicht erzwungen werden. Es ist jedoch zu hoffen, dass die meisten Kinder durch die Erfahrungen der bereits bearbeiteten Abschnitte z. B. bei den Spielen „Punktueller Berührungsreiz", „Blindenführung", „Der etwas andere Morgen" etc. genügend Vertrauen aufgebaut haben um im Klassenverband die Augen zu schließen.
Daran schließt sich dann die Durchführung einer kurzen Fantasiereise an, die am Anfang nicht zu einer vollständigen Entspannung des gesamten Körpers führen muss.

Fantasiereise – Original

Die Ballonreise

„Setz dich bequem hin. Finde eine Haltung, in der du es ein Weilchen aushalten kannst, und atme ruhig ein und aus. Wenn du magst, schließe deine Augen. Fühle noch einmal, ob du bequem sitzt, und lass deinen Atem kommen und gehen. Werde ganz ruhig. du musst nichts tun. Höre mir einfach zu.

Du bist auf einer großen, weiten Wiese –
du läufst auf dieser Wiese mit bloßen Füßen –
du spürst das Gras unter deinen Sohlen –
du fühlst das Gras, die Erde – sonnenwarm –

von weitem siehst du einen großen Ballon auf der Wiese ankern –
du gehst ihm neugierig entgegen –
jetzt hast du ihn erreicht –
groß ist er – er schaukelt leicht im Wind, mit Seilen festgemacht –
die Gondel ist ein geflochtener Korb –
du stehst dicht davor –

nun steigst du ein –
die Taue werden gelöst – langsam hebt er vom Boden ab –
du schwebst ganz sacht nach oben – immer höher –
du spürst die Luft, die sanft an dir vorüberrauscht –
jetzt wird es still – ganz still ist es hier oben –
du spürst deinen Atem – ganz ruhig und gleichmäßig –
ein und aus – ein und aus –
du bist ganz ruhig –
der Ballon steigt langsam höher – immer höher –
die Wiese unter dir wird ganz klein –
wie gemalt wirkt sie – mit vielen Grüntönen –
die Menschen winken herauf – sie sind wie Punkte –
langsam schwebt der Ballon weiter –

er schwebt über einem Wald – Tannen, dunkelgrüne –
Laubbäume, dicht und helles Grün –
Wasser blinkt dort unten auf –
ein kleiner Fluss oder See –
ein Dorf, wie aus dem Märchenbuch –
wie aus einer Spielzeugschachtel zusammengestellt liegt es da –
du siehst die Tiere auf der Weide –
weiße Punkte sind Enten, Gänse –

weit vor dir erheben sich behäbig dicke, hohe Berge –
du schwebst auf sie zu –
ganz nah kommst du ihnen –
du schwebst in deinem Ballon an ihnen vorüber –
ein kleiner Fleck Schnee liegt in einer dunklen Kuhle –
die Bergspitzen sind so nah, dass du meinst sie fassen zu können –
ganz ruhig ist es –
ganz ruhig bist du –
nur das sanfte Rauschen der Luft begleitet dich –
dein Atem geht ganz ruhig und gleichmäßig –
ruhig bist du und ganz entspannt –
du schwebst – du bist ganz leicht –
Ruhe ist in dir – eine große Ruhe –

es wird Abend – Dämmerung zieht herauf –
es wird Zeit, wieder auf die Erde zu kommen –
du suchst dir einen Platz, auf dem du landen willst –
dann schwebst du langsam, sacht nach unten –
du bist wieder auf der Erde – du fühlst dich wohl –
du bist ganz ruhig und entspannt.

Und nun verabschiede dich von der Wiese und komme langsam hierher zurück in diesen Raum. Öffne die Augen, recke und strecke dich, gähne, wenn du magst, und fühle dich frisch und munter."

Fantasiereise – Veränderungsvorschlag 1

Die Ballonreise

„Setz dich bequem hin. Finde eine Haltung, in der du es ein Weilchen aushalten kannst, und atme ruhig ein und aus. Wenn du magst, schließe deine Augen. Fühle noch einmal, ob du bequem sitzt, und lass deinen Atem kommen und gehen. Werde ganz ruhig. Du musst nichts tun. Höre mir einfach zu.

Du bist auf einer großen, weiten Wiese –
du läufst auf dieser Wiese mit bloßen Füßen –
du spürst das Gras unter deinen Sohlen –
du fühlst das Gras, die Erde – sonnenwarm –

von weitem siehst du einen großen Ballon auf der Wiese ankern –
du gehst ihm entgegen –

nun steigst du ein –
die Taue werden gelöst – langsam hebt der Ballon vom Boden ab –
du schwebst ganz sacht nach oben – immer höher –
du spürst die Luft, die sanft an dir vorüberrauscht –
jetzt wird es still – ganz still ist es hier oben –
du spürst deinen Atem – ganz ruhig und gleichmäßig –
ein und aus – ein und aus –
du bist ganz ruhig –

der Ballon steigt höher – immer höher –
er schwebt schließlich über einem Wald –
du kannst die Bäume sehen –
dichte, dunkelgrüne Tannen sind dort –
und daneben alte, knorrige Eichen –
alles ist ganz ruhig –

du kannst Rehe sehen, viele, große und kleine –
und dort einen Hirsch mit einem prächtigen Geweih –
neugierig schauen sie zu deinem Ballon hoch –
wenn du dich umschaust –
kannst du in den Baumwipfeln die Eichhörnchen entdecken –
sie haben einen dichten, buschigen Schwanz –
leise huschen sie von Ast zu Ast –
und alles ist ganz ruhig –

hinten am Horizont siehst du den Adler fliegen –
auch er zieht ruhig seine Kreise –

weit vor dir erheben sich behäbig dicke, hohe Berge –
du schwebst auf sie zu –
ganz nah kommst du ihnen –
du schwebst in deinem Ballon an ihnen vorüber –

ein kleiner Fleck Schnee liegt in einer dunklen Kuhle –
die Bergspitzen sind so nah, dass du meinst, sie fassen zu können –
ganz ruhig ist es –
ganz ruhig bist du –
nur das sanfte Rauschen der Luft begleitet dich –
dein Atem geht ganz ruhig und gleichmäßig –
ruhig bist du und ganz entspannt –
du schwebst – du bist ganz leicht –
Ruhe ist in dir – eine große Ruhe –
es wird Abend – Dämmerung zieht herauf –
es wird Zeit, wieder auf die Erde zu kommen –
du suchst dir einen Platz, auf dem du landen willst –
dann schwebst du langsam, sacht nach unten –
du bist wieder auf der Erde – du fühlst dich wohl –
du bist ganz ruhig und entspannt.

Und nun verabschiede dich von der Wiese und komme langsam hierher zurück in diesen Raum. Öffne die Augen, recke und strecke dich, gähne, wenn du magst, und fühle dich frisch und munter."

(Für weitere Veränderungen sind der Fantasie der Lehrkraft keine Grenzen gesetzt.)

Fantasiereise

Die Wiese
„Du bist auf einer großen, weiten Wiese –
du läufst durch diese Wiese
du spürst unter deinen Füßen das Gras –
es ist biegsam, weich, sommerwarm –
du hast Lust, dich ins Gras zu legen –

du spürst das Gras unter dir, wie eine weiche Decke –
du siehst die Gräser, viele Arten –

siehst Blumen dort –
kleine Käfer krabbeln gemächlich –
du riechst das Gras, die Erde –
ein Schmetterling schaukelt an dir vorbei –
du siehst, wie schön seine Färbung ist –
die Zeichnung seiner Flügel, ganz aus Samt scheinen sie zu sein –

du hörst die Bienen summen und schwirren –
du schaust zum Himmel –
du siehst dort oben viel –

du bist ganz ruhig, gelöst, entspannt –
Ruhe durchströmt dich –
du bist ganz ruhig und entspannt."

Fantasiereise

Das Boot
„Du bist auf dem Meer in einem Boot –
du liegst im Boot, spürst den warmen Boden aus Holz –
der Geruch des Holzes, sonnenwarm, ist angenehm –
du spürst das sanfte Schaukeln des Bootes –
auf und ab – auf und ab –
du spürst deinen Atem, dem Rhythmus gleich –
auf und ab – ist ein und aus –
Ruhe ist in dir –
du bist schwer, warm, gelöst und ruhig –

du hörst die Wellen leicht gegen das Boot klatschen –
das Plätschern ist ganz beruhigend –
du bist ganz ruhig und entspannt –
du hörst das Rauschen des Meeres –

riechst du das Meer?

Du schaust zum Himmel –

siehst du Wolken?

Du lässt dich treiben –
du bist ruhig, gelöst, entspannt –
es gibt nichts, was dich stört –
du fühlst dich wohl in deiner Haut –
du bist ganz ruhig und völlig entspannt."

Fantasiereise

Regentropfen
„Du sitzt am Fenster –
der Tag neigt sich dem Ende zu –
Ruhe um dich herum – Ruhe in dir –

das Brausen der Großstadt dringt gedämpft zu dir –
es stört dich nicht –
du spähst hinaus –
das Licht ist schon gebrochen –
der Himmel ist tief verhangen mit schweren, grauen Wolken –
es regnet –
unablässig rinnt der Regen herunter –
du verfolgst die Ketten aus tausend schimmernden Perlen –

Regentropfen –
durch die Lampen der Straße funkeln sie manchmal wie Kristalle –
sie platzen auf glänzend dunklem Asphalt –
sie rinnen von der Straße dem Rinnstein zu –
dort treffen sich viele – sie werden zu einem Rinnsal –
das Rinnsal wird zu einem kleinen Fluss –
er fließt am Gehsteig eilig entlang –
du kannst nicht sehen, wo er endet –
nicht, wohin die Millionen Tropfen fließen –

du träumst dir ein Ziel –

du bist ganz ruhig –
du fühlst dich wohl –
du lässt deine Gedanken und Fantasie ganz frei –
Ruhe ist in dir –
dein Atem geht ganz ruhig und gleichmäßig –
du bist ruhig und vollkommen entspannt."

Feed-Back-Phase

Nach der Entspannung ist ein individuelles *Feed-back* von großer Wichtigkeit. Diese Phase kann durchaus den Rest der Stunde einnehmen. Durch intensiven Blickkontakt der Lehrkraft mit dem Kind, das seine Gefühle während der Entspannungsübung beschreibt, wird das Kind ermutigt über seine Gedanken zu sprechen. Am Ende des Kommentars sollte sich die Lehrkraft bei jedem Kind für sein Feed-back bedanken und es darin bestärken über seine Gefühle zu sprechen. Dies fördert das positive Erleben der Entspannung.

3. Gemeinsamer Abschluss

Wenn noch genügend Zeit verbleibt, können die Kinder – auch zu Musik – *Entspannungs- oder Fantasiebilder* malen.

4. Hausaufgabe

Am Ende der Stunde sollte der *Detektivauftrag 2* verteilt werden. Die Begriffe „ausspannen“ oder „entspannen“ werden mit den Kindern geklärt, indem Sie verdeutlichen, dass es wichtig ist, sich körperlich gesundheitsfördernd zu verhalten, und auch Kinder sich dazu manchmal „entspannen“ müssen (zur Veranschaulichung kann ein Gummiband benutzt werden).
In dieser Woche sollen die Kinder sich möglichst oft die Frage stellen, ob sie am Tage ruhige Minuten für sich selbst geschaffen und bewusst wahrgenommen haben, sich entspannt oder ausgespannt zu haben. Bei Bejahung dieser Frage malen sie das lachende Gesicht aus. Kündigen Sie wiederum an, dass dieser Detektivauftrag in einer Woche besprochen wird, damit das sorgfältige Ausfüllen wahrscheinlicher wird.

2.8 Ich erzähle dir etwas

Auf einen Blick

Dimension

Hier liegt der Schwerpunkt auf eindeutigerem verbalen wie auch nonverbalen Kommunikationsverhalten. Es wird angestrebt, den Kindern ein vielfältigeres Repertoire von Ausdrucksmöglichkeiten zur Verfügung zu stellen und ihr Gespür für Stimmungen und Gefühle anderer Personen zu schulen. Eigene Gefühle können so besser differenziert und verbalisiert und Missverständnisse im zwischenmenschlichen Umgang eher vermieden werden.

Ziele

- grundlegende Regeln zum richtigen Sprechen kennen lernen
- diese Regeln verhaltensnah einüben

Stundenüberblick

1. **Eröffnung:** Morgenkreis
2. **Entspannungsteil:** Fantasiereise durchführen
3. **Hauptthema:**
   – Wie spreche ich richtig?
   – Partnergespräche
4. **Gemeinsamer Abschluss:** Das Dingsda-Spiel

Benötigtes Material

- Text: Fantasiereise (S. 58 ff.)
- Kopiervorlage 18: „Wie spreche ich richtig?“
- Vorschlagsliste (s. unten)
- Erzählsteine, -muscheln, -hüte
- Das Dingsda-Spiel (S. 65)

Vorbereitungen

- Materialien in ausreichender Menge bereithalten

Zusätzliche Aktivitäten

- „Stille Post“ spielen
- Ein Kind sagt einen Satz. Das nächste sagt einen neuen Satz, der mit dem letzten Wort des vorherigen Satzes beginnt usw. Die Lehrkraft beginnt.
- Die Kinder halten einen Vortrag und nehmen diesen auf Kassette oder Video auf
- Die Kinder organisieren und spielen ein Theaterstück

Methodische Anregungen

1. Eröffnung

Da das heutige Hauptthema die Dimension Kommunikation berührt, ist es günstig die Stunde mit einem morgendlichen Gesprächskreis zu eröffnen. Dafür bietet sich eines der Themen der *Vorschlagsliste* (siehe unten) an, weil jedes Kind darüber etwas erzählen kann, ohne dass die einzelnen Beiträge zu lang geraten dürften. Eine Strukturierung mit Hilfe eines Erzählsteins oder –hutes, den das erzählende Kind in Händen hält bzw. auf dem Kopf trägt, ist nützlich. Der Verweis auf das Einhalten der Regeln des Igel-Vertrags ist heute besonders wichtig.

Vorschlagsliste

Themen für den Morgenkreis
In dieser Liste finden Sie Themenvorschläge, über die Sie mit den Kindern diskutieren können. Sie eignen sich sowohl zur Besprechung im Morgenkreis, wenn jedes Kind eine kurze Stellungnahme abgeben soll, wie auch für die Arbeit in Kleingruppen in den Abschnitten zur Kommunikation. Inhalte können sein:

- Was hast du gestern Nachmittag gemacht?
- Mein schönstes Erlebnis
- Wenn ich einmal groß bin
- Mein Berufswunsch
- Mein letzter Geburtstag
- Warum ist mein bester Freund mein bester Freund ?
- Was machst du am liebsten in deiner Freizeit ?
- Als ich das letzte Mal verreist bin
- Wenn Igor in den Zoo geht …
- Was hast du gestern gegessen ?
- Wie die Welt in 20 Jahren aussieht …
- Wie es in China / Amerika aussieht …

Häufig ist es allerdings ratsamer Aufgaben zu wählen, die direkt aus dem Umfeld der Kinder Ihrer Klasse stammen. Dementsprechend ist diese Liste eher als Anregung für eigene Themenvorschläge der Lehrkraft zu verstehen. Genauso können aktuelle Ereignisse besprochen werden, z. B. der gerade beendete Wandertag, ein Stadtteilfest am Tag zuvor, der zur Zeit gastierende Zirkus usw. Günstig sind ebenso Geschichten, die die Kinder anregen sich Handlungselemente auszudenken.

2. Entspannungsteil

Entsprechend dem Stundenritual kann wieder die *Ballonreise* (siehe S. 58) in etwas abgewandelter Form, z.B. eine Fahrt über die eigene Stadt, verwendet werden oder auch eine andere Fantasiereise durchgeführt werden. Wie im vorherigen Abschnitt sollte eine ausführliche Rückmelderunde der Kinder folgen. So lernen die Kinder zum einen die Entspannungsübung kritisch zu reflektieren, zum anderen aber auch ihre Gefühle in Worte umzusetzen.

3. Hauptthema

„Verkehrte Welt"-Spiel

Legen Sie möglichst mit einigen einleitenden Worten offen, dass Sie sich in den nächsten Stunden mit dem Thema Sprechen und Zuhören beschäftigen wollen. Erklären Sie, dass es in einem Gespräch bestimmte Regeln gibt, damit es allen Beteiligten Spaß macht. Anschließend können Sie diese Regeln mit den Kindern gemeinsam im *„Verkehrte Welt"-Spiel* erarbeiten. Dabei verkehren Sie in einem Gespräch mit einem Kind die Regeln zum richtigen Sprechen in ihr Gegenteil, beispielsweise indem Sie ständig an die Decke schauen, sehr hastig sprechen oder flüstern. So können die Kinder leicht die Regeln, auf die es ankommt, erraten. Teilen Sie dann den *„Wie spreche ich richtig?"-Bogen* aus. Die drei Regeln sollten eingehend besprochen werden. Nach Ermessen der Lehrkraft können hier natürlich auch wieder andere Regeln verwendet werden, die eher auf die Bedürfnisse der Kinder zugeschnitten sind. Vielleicht können die Kinder die richtige Anwendung vormachen. Auf dem Bogen sind die drei Regeln zum richtigen Sprechen

zusätzlich mit Symbolen illustriert, die im Anschluss angemalt werden können. Dies dient der Konsolidierung der Regeln.
Wenn den Kindern die Umsetzung der drei Regeln hinreichend deutlich ist, können sie in *Partnergesprächen* eingeübt und verfestigt werden. Die Themen dieser Gespräche sollten aus dem jeweiligen Interessenbereich der Kinder stammen. Thematische Anregungen sind der Vorschlagsliste zu entnehmen. Dabei hat es sich bewährt die Kinder in Dreiergruppen einzuteilen: Ein Kind übernimmt die Sprecherrolle, ein zweites die des Zuhörers, ein drittes die des Beobachters. Der Beobachter sucht sich eine oder mehrere Regeln aus, auf die er achtet. Der Sprecher sollte vom Beobachter für seine Bemühungen gelobt werden. Wichtig ist immer, nach einer kurzen Zeit die Rollen zu wechseln, damit sich die Kinder in alle Positionen hineinversetzen und somit das Gespräch aus verschiedenen Blickwinkeln beurteilen können.

4. Gemeinsamer Abschluss

Der Abschnitt sollte mit dem *Dingsda-Spiel* ausklingen, das den Wortschatz fördert.

Das Dingsda-Spiel

Ziel dieser Übung ist es, dass die Kinder ein Wort, das ihnen von der Lehrkraft ins Ohr geflüstert wird, umschreiben. Statt dieses Wortes wird beim Sprechen der Begriff „Dingsda“ verwendet, z. B. „Mein Dingsda ist groß, grau und hat einen Rüssel“ zur Beschreibung eines Elefanten. Einige zu umschreibende Begriffe sind auf der Dingsda-Liste bereits vorgegeben. Darüber hinaus können auch andere Begriffe verwendet werden, die speziell aus dem Kontext der Kinder stammen. Dabei sollte allerdings darauf geachtet werden, dass nur solche Begriffe verwendet werden, die nicht in der Umgebung vorhanden sind, wie z.B. Fenster, Tisch oder Ohr, da sonst darauf gezeigt werden könnte. Wenn ein Kind den umschriebenen Begriff rät, bekommt es sofort das nächste Wort ins Ohr geflüstert, das es dann wiederum umschreiben soll.

Mögliche Dingsda-Begriffe wären:

Elefant	Fußball	Katze
Giraffe	Fahrrad	Mutter
Affe	Videospiel	Fluss
Apfel	Walkman	Waschmaschine
Rose	Inline-Skates	
Auto	Igor Igel	

2.9 Du erzählst mir etwas

Auf einen Blick

Dimension

Hier liegt der Schwerpunkt auf eindeutigerem verbalen wie auch nonverbalen Kommunikationsverhalten. Es wird angestrebt, den Kindern ein vielfältigeres Repertoire von Ausdrucksmöglichkeiten zur Verfügung zu stellen und ihr Gespür für Stimmungen und Gefühle anderer Personen zu schulen. Eigene Gefühle können so besser differenziert und verbalisiert und Missverständnisse im zwischenmenschlichen Umgang eher vermieden werden.

Ziele

- grundlegende Regeln zum aufmerksamen Zuhören kennen lernen
- diese Regeln verhaltensnah einüben

Stundenüberblick

1. **Eröffnung:** Lied singen bzw. hören („Starke Kinder")
2. **Besprechung der Hausaufgabe:** Detektivauftrag 2
3. **Entspannungsteil:** Fantasiereise durchführen
4. **Hauptthema:**
   - „Rücken an Rücken" bzw. „Auge in Auge" erzählen
   - Wie höre ich aufmerksam zu?
   - Partnergespräche
5. **Hausaufgabe:** Detektivauftrag 3
6. **Gemeinsamer Abschluss:** Gordischer Knoten

Benötigtes Material

- Lied „Starke Kinder"
- evtl. Musikkassette oder CD
- Text Fantasiereise
- KV 19: „Wie höre ich aufmerksam zu?"
- Vorschlagsliste (S. 63)
- Erzählsteine, -muscheln, -hüte
- Detektivauftrag 3 (KV 20)

Vorbereitungen

- Materialien in ausreichender Menge bereithalten

Zusätzliche Aktivitäten:

- Stille Post spielen
- Ein Kind sagt einen Satz. Das nächste sagt einen neuen Satz, der mit dem letzten Wort des vorherigen Satzes beginnt usw. Die Lehrkraft beginnt.

Methodische Anregungen

1. Eröffnung

Zur Eröffnung des heutigen Abschnitts kann einmal wieder das Lied *„Starke Kinder“* gehört werden.

2. Besprechung der Hausaufgabe

Im Anschluss sollte der Detektivauftrag 2 auf bekannte Art und Weise besprochen werden, d.h. wieder sollten Fragen gestellt werden wie „Wie hast du dich entspannt?“, „Wann hast du entspannt?“, „Wie hast du die Entspannung empfunden?“, „Warum konntest du nicht ausspannen?“.

3. Entspannungsteil

Im Anschluss daran kommt wie gewohnt die Entspannungsübung zur Anwendung. Dabei liegt es im Ermessen der Lehrkraft, die Geschichten zu variieren und so für Abwechslungsreichtum zu sorgen, gleichzeitig den Kindern aber auch das Gefühl der Vertrautheit durch thematische Ähnlichkeit der verwendeten Fantasiereisen zu geben.

3. Hauptthema

Kommunkations-spiel

Zur Einführung in das heutige Hauptthema „Aufmerksames Zuhören“ und um gleichzeitig auch einen Bezug zur vorherigen Stunde herzustellen, kann das *Rücken-an-Rücken-* bzw. *Auge-in-Auge-Erzählen* dienen. Zwei Kinder lehnen dabei ihre Rücken gegeneinander. Nun soll ein Kind dem anderen erzählen, was es gestern Nachmittag erlebt hat. Nach einer Weile wird diese Art der Kommunikation beendet und es folgt das Auge-in-Auge-Erzählen. Dabei sitzen sich die Kinder gegenüber und schauen sich an. Anschließend kann in der Klasse diskutiert werden, was einfacher war. Leiten Sie daraus ab, dass es auch für das aufmerksame Zuhören genauso wie für richtiges Sprechen Regeln gibt, die jeder einhalten sollte, damit das Gespräch allen Beteiligten Spaß macht.

Nachdem die Kinder Vorschläge gemacht haben, wie solche Regeln formuliert sein können, verteilen Sie den *„Wie höre ich aufmerksam zu“-Bogen.* Auch heute sollten die drei Regeln analog zur letzten Stunde eingehend besprochen werden. Dabei sind die Regeln und Symbole als Vorschläge zu verstehen, die den besonderen Erfordernissen der Klasse angepasst werden können.

Nachdem den Kindern die Umsetzung der drei Regeln hinreichend deutlich ist, können sie in *Partnergesprächen* eingeübt und verfestigt werden. Es sollten wieder Dreiergruppen gebildet werden mit einem Sprecher, einem Zuhörer und einem Beobachter. Wieder ist die positive Rückmeldung – diesmal jedoch für den Zuhörer – vom Beobachter wichtig. Auch bei dieser Übung sollten nach einer kurzen Zeit wieder die Rollen getauscht werden. Thematische Anregungen für diese Gespräche sind der Vorschlagsliste zu entnehmen (s. S. 64).

4. Hausaufgabe

Später können die Kinder berichten, welche Regel ihnen leicht und welche ihnen schwer gefallen ist. Für den *Detektivauftrag 3* können sich die Kinder eine Regel aussuchen, die sie in der kommenden Woche anwenden wollen.

5. Gemeinsamer Abschluss

Gordischer Knoten

Am Ende der heutigen Stunde steht ein Spiel, das den Kindern zum einen Bewegung ermöglicht und zum anderen auch die Übertragung der bereits gelernten Regeln auf einen alltäglichen Kontext anbahnt. Dieses Spiel heißt *Gordischer Knoten.* Dabei steht die Spielgruppe im Kreis. Jeder hält seine Arme gestreckt in die Kreismitte und fasst dort zwei beliebige Hände von anderen Mitspielern. Die

Gruppe versucht nun den so entstandenen Knoten zu lösen ohne die Hände loszulassen (untendurch kriechen, darüber klettern, drehen). Darüber hinaus ist es Ziel der Übung die Regeln zum Sprechen und Zuhören beim Spiel anzuwenden. Es soll also langsam und deutlich gesprochen und aufmerksam zugehört werden um ein gemeinsames Ziel zu erreichen.

2.10 Mit dem Körper sprechen

Auf einen Blick

Dimension

Hier liegt der Schwerpunkt auf eindeutigerem verbalen wie auch nonverbalen Kommunikationsverhalten. Es wird angestrebt, den Kindern ein vielfältigeres Repertoire von Ausdrucksmöglichkeiten zur Verfügung zu stellen und ihr Gespür für Stimmungen und Gefühle anderer Personen zu schulen. Eigene Gefühle können so besser differenziert und verbalisiert und Missverständnisse im zwischenmenschlichen Umgang eher vermieden werden.

Ziele

- nonverbale Kommunikationsanteile erkennen
- nonverbale Zeichen richtig deuten und anwenden lernen
- Mimik und Gestik als Ausdrucksformen berücksichtigen lernen

Stundenüberblick

1. **Eröffnung:** Lied singen („Ich habe einen Kopf")
2. **Entspannungsteil:** Fantasiereise durchführen
3. **Hauptthema:**
   – Partnerinterviews
   – Scharaden
4. **Gemeinsamer Abschluss:**
   Nonverbale Verabschiedung

Benötigtes Material

- Lied „Ich habe einen Kopf" (s. S. 56)
- Text Fantasiereise (s. S. 58 ff.)

Vorbereitungen

- keine

Zusätzliche Aktivitäten

- Tausch von Grimassen: Im Partnerspiel macht das eine Kind eine Grimasse vor, das andere Kind macht sie nach. Danach werden die Rollen gewechselt.
- Wer hat sich bewegt: Eine Hälfte der Kinder stellt sich wie bei einer Momentaufnahme eines Gruppenbildes hin. Die andere Hälfte schaut sich dieses Gruppenbild möglichst genau an. Danach verändern einige (nicht alle) Mitglieder der ersten Gruppe ihre Position. Die zweite Gruppe muss nun benennen, was sich verändert hat.

Methodische Anregungen

1. Eröffnung

Als Eröffnung des heutigen Abschnitts bietet es sich an, das Lied *„Ich habe einen Kopf"* zu singen. Dies leitet die Aufmerksamkeit der Kinder auf ihre Körperteile, die im Folgenden zum Ausdruck nonverbaler Symbole genutzt werden können. Auch kann erneut nach den in Igel-Stunden gültigen Regeln gefragt werden.

2. Entspannungsteil

Es folgt die Durchführung einer *Fantasiereise.* So kann die Ballonreise (siehe S. 59) in abgewandelter Form diesmal über einem Wald mit verschiedenen Tieren stattfinden.

3. Hauptthema

Zur Bearbeitung des Hauptthemas wird folgendes Vorgehen vorgeschlagen: Um an den vorherigen Abschnitt anzuschließen, können die Kinder heute zunächst in Zweiergruppen *Partnerinterviews* durchführen und dabei die Regeln zum richtigen Sprechen und aufmerksamen Zuhören anwenden und einüben. Danach können Sie auf das eigentliche heutige Stundenthema überleiten, indem Sie herausstellen, dass zu einem Gespräch nicht nur die Sprache gehört, sondern auch nonverbale Verhaltensweise wie:

Nonverbale Verhaltensweisen

- Blickkontakt,
- Mimik,
- Gestik,
- Körperhaltung.

Es ist sinnvoll hervorzuheben, dass die Kinder viele solcher *nonverbalen Zeichen* bereits kennen. Vielleicht fallen den Kindern selbst einige ein.

Scharaden-Spiel

Im Hauptteil der Stunde wird dann das *Scharaden-Spiel* durchgeführt. Dabei sollen verschiedene Begriffe und Redensarten pantomimisch umschrieben werden. Errät ein Kind einen Begriff, wird ihm sofort das nächste Wort ins Ohr geflüstert.

Mögliche Scharaden können sein:

- Sei leise.
- Aufgepasst.
- Alle sollen aufstehen und sich wieder setzen.
- Komm ein bisschen näher.
- Rufst du mich an?
- Es regnet.
- Das ist klebrig.
- Das glaube ich nicht.
- Ich kann dich nicht hören.
- Halt!
- Bravo!
- Mir ist kalt.

Natürlich können auch bei dieser Übung wieder andere Begriffe, die stärker mit dem Alltag der Kinder zusammenhängen, verwendet werden. Im Anschluss an dieses Bewegungsspiel kann es notwendig sein, es den Kindern zu ermöglichen, wieder ruhig zu werden. In einem Abschlussgespräch kann dann z. B. thematisiert werden, wie den Kindern die heutige Stunde gefallen hat. Aber auch die Besprechung von gerade aktuellen Alltagsgeschehnissen im Umfeld der Kinder ist denkbar. Dies liegt ganz im Ermessen der Lehrkraft.

4. Gemeinsamer Abschluss

Zum Abschluss der Stunde stellen sich die Kinder im Kreis auf und verabschieden sich voneinander ohne Worte zu benutzen.

2.11 Wie ich mich manchmal fühle

Auf einen Blick

Dimension

Hier liegt der Schwerpunkt auf eindeutigerem verbalen wie auch nonverbalen Kommunikationsverhalten. Es wird angestrebt, den Kindern ein vielfältigeres Repertoire von Ausdrucksmöglichkeiten zur Verfügung zu stellen und ihr Gespür für Stimmungen und Gefühle anderer Personen zu schulen. Eigene Gefühle können so besser differenziert und verbalisiert und Missverständnisse im zwischenmenschlichen Umgang eher vermieden werden.

Ziele

- Gefühle unterscheiden, benennen und ausdrücken lernen

Stundenüberblick

1. **Eröffnung:** Lied singen („Ich habe einen Kopf")
2. **Besprechung der Hausaufgabe:** Detektivauftrag 3
3. **Entspannungsteil:** Fantasiereise durchführen
4. **Hauptthema:**
   – nonverbales Darstellen von Gefühlen
   – Emotionsblätter 1 und 2 ausfüllen und bearbeiten
5. **Hausaufgabe:** Detektivauftrag 4
6. **Gemeinsamer Abschluss:** Geschichte vorlesen

Benötigtes Material

- Lied „Ich habe einen Kopf" (s. S. 56)
- Fantasiereise (s. S. 58 ff.)
- Emotionsblätter (KV 21 und 22)
- Spiegel
- Verhaltensliste
- Detektivauftrag 4 (KV 23)
- Geschichte „Christel und Sabine"

Vorbereitungen

- Materialien in ausreichender Menge bereithalten
- auf den Emotionsblättern dargestellte, vollständige Köpfe auf Kärtchen übertragen

Zusätzliche Aktivitäten

- Maskenwerfen: Die Kinder sitzen im Kreis. Das erste Kind gibt vor, eine Maske aufzusetzen, indem es sich mit einer Hand von oben nach unten über das Gesicht streicht und dabei seinen mimischen Ausdruck verändert. Nach einer Weile des Verharrens in diesem Ausdruck nimmt es die Maske wieder ab, indem es mit der Hand von unten nach oben über das Gesicht fährt. Danach wirft es die Maske einem anderen Kind zu, das seinerseits wieder genauso verfährt.

Methodische Anregungen

1. Eröffnung

Auch heute sollte zu Beginn der Stunde wieder das Lied *„Ich habe einen Kopf"* (s. S. 56) gesungen werden, um die Aufmerksamkeit der Kinder auf die Möglichkeit des nonverbalen Ausdrucks mit Hilfe des eigenen Körpers zu lenken.

2. Besprechung der Hausaufgabe

Danach sollte der *Detektivauftrag 3* nach bewährter Art besprochen werden, d. h. wieder sollte besprochen werden, in welchen Situationen genau die Regel beachtet wurde, warum sie manchmal nicht beachtet wurde, welche Reaktionen andere Personen zeigten und welche Gefühle die Kinder dabei hatten.

3. Entspannungsteil

Entsprechend dem Stundenritual wird danach eine Fantasiereise durchgeführt.

4. Hauptthema

Gefühle nonverbal darstellen

Knüpfen Sie an das im letzten Abschnitt Gelernte an, indem Sie deutlich machen, dass wir unseren Körper nicht nur verwenden können, um anderen Personen unsere Gedanken, sondern auch unsere Gefühle mitzuteilen. Bitten Sie dann die Kinder verschiedene *Gefühle nonverbal darzustellen*. Bei diesem Spiel können die Kinder üben wichtige Signale der Körpersprache wahrzunehmen und sie bewusst zu erkennen. Günstig ist zudem, wenn sie ihre eigene Mimik und Gestik mit Hilfe von Spiegeln überprüfen und ggf. kontrollieren können. Wichtig ist, dass die Lehrkraft einige Darstellungen zunächst selbst vormacht, um das Thema des Spiels zu verdeutlichen. Anregungen, welche Gefühle bzw. Verhaltensweisen dargestellt werden können, finden Sie in dieser Verhaltensliste.

Verhaltensliste

Gefühle
In dieser Liste sind verschiedene Gefühle und Zustände aufgeführt, die sich gut im tagtäglichen Verhalten beobachten lassen. Die Kinder können bei der Darstellung der entsprechenden Adjektive sowohl Gestik als auch Mimik einsetzen.
Im Rahmen dieser Unterrichtseinheit kommt die Verhaltensliste nur im gesamten Klassenverband zum Einsatz, indem die Lehrkraft das entsprechende Adjektiv nennt und alle Kinder versuchen dieses darzustellen. Dabei ist eine Selbstkontrolle mit Hilfe von Spiegeln sinnvoll.

Pantomime

Darüber hinaus kann die Verhaltensliste aber auch für ein Spiel genutzt werden, bei dem jeweils nur einem Kind das entsprechende Adjektiv zugeflüstert wird. Dieses Kind soll dann versuchen dieses Adjektiv pantomimisch darzustellen. Alle anderen Kinder versuchen das Wort zu erraten. Es wird allerdings davon ausgegangen, dass die hier aufgelisteten Wörter nur im passiven Wortschatz der Kinder vorliegen. Mit anderen Worten fällt es ihnen nicht schwer, die Begriffe wiederzuerkennen und mit Bedeutung zu füllen. Dagegen kann es gerade für Erstklässler zu schwierig sein, diese Wörter ohne Hilfestellung zu benennen, denn dies setzte voraus, dass sie auch im aktiven Wortschatz der Kinder enthalten sind. Älteren oder Kindern mit elaboriertem Wortschatz macht aber ein solches Ratespiel Spaß.

Mögliche Adjektive sind:
- nervös
- ängstlich
- müde
- groß und überlegen
- gelangweilt
- durstig
- hungrig

- schwitzend
- frierend
- alt
- flegelhaft
- schüchtern
- glücklich und zufrieden

Darüber hinaus sind auch andere Gefühle, Stimmungen oder Zustände denkbar. Am Schluss sollte genannt werden: „ ... und nun zeigt, wie ihr euch im Moment fühlt.“
(nach K. Vopel, 1991)

Nun können auch die *Emotionsblätter 1 und 2* verteilt werden. Auf dem ersten Blatt sollten die Kinder sich zunächst die Köpfe ansehen und dann das dargestellte Gefühl benennen: „Er/Sie fühlt sich ...“. Danach kann der mimische Ausdruck von den Kindern abgezeichnet (im leeren Gesicht daneben) und schließlich auch nachgemacht werden. Zur Kontrolle können wiederum Spiegel dienen.
Außerdem gibt es die Möglichkeit, das Darstellen der Gefühle als Spiel zu gestalten. Dafür ist es notwendig, vorher die auf den Emotionsblättern dargestellten, vollständigen Köpfe auf *Kärtchen* zu übertragen. Während des Spiels zieht ein Kind ein Kärtchen, auf dem ein Kopf abgebildet ist, und macht dessen mimischen Ausdruck nach. Die anderen Kinder versuchen das Gefühl zu benennen. Das Kind, das richtig rät, zieht das nächste Kärtchen und stellt den nächsten Kopf dar.

5. Hausaufgabe

Am Ende der Stunde wird der *Detektivauftrag 4* ausgegeben, der analog zu den bisherigen zu Hause bearbeitet werden soll. Dieser Auftrag lässt es dem Kind offen, welche Person es in der folgenden Woche beobachtet. Dies kann eine Mitschülerin oder ein Mitschüler sein, aber auch eine Person aus dem Familienkreis.

Eine Möglichkeit der Umsetzung kann sein, dass jedes Kind seinen Namen auf ein Kärtchen schreibt und in einen Hut o. Ä. wirft. Danach zieht jedes Kind ein Kärtchen und erhält so den Namen der Person, die es in der folgenden Woche beobachtet.
Wenn die betreffende Person fröhlich gewesen ist, soll der lachende Igor Igel angekreuzt oder angemalt werden, und wenn die Person traurig war, der traurige Igor. So lernen die Kinder Gefühlszustände bei anderen Personen differenzierter zu beobachten.

6. Gemeinsamer Abschluss

Die Stunde klingt mit dem Vorlesen der Geschichte: „*Christel und Sabine*“ aus. Wenn noch Zeit bleibt, können die Kinder sich auch darüber austauschen, wann sie sich das letzte Mal traurig oder fröhlich gefühlt haben.

Vorlese-Geschichte

Christel und Sabine

Christel wurde im April geboren und ist jetzt acht Jahre alt.
Ihre Mutter hat einen Kuchen gebacken und alle Vorbereitungen getroffen, damit die Kinder einen vergnügten Nachmittag verbringen können. Zwei Freunde ihres großen Bruders haben ihre Gitarren mitgebracht. Sie spielen mitreißende Lieder und alle tanzen fröhlich und ausgelassen dazu.
Plötzlich bemerkt Christel, dass Sabine, ihrer besten Freundin, Tränen die Wangen herunterlaufen. Da erzählt Sabine, dass ihre Mutter krank ist und sie sich große Sorgen macht. Das tut Christel sehr leid. Und obwohl sie eigentlich lieber mit allen fröhlich gefeiert hätte, tröstet sie ihre Freundin und sagt dann: „Wir beide können auch ein anderes Mal Spaß haben. Hier, nimm deiner Mutter ein bisschen Obst mit und geh zu ihr. Dann bist du beruhigt und sie wird sicher bald wieder gesund.“
Sabine ist froh, dass ihre Freundin sie so gut versteht. Sie verspricht ihr, dass sie anruft, wenn es ihrer Mutter besser geht.

2.12 Gefühle mit dem Körper ausdrücken

Auf einen Blick

Dimension

Hier liegt der Schwerpunkt auf eindeutigerem verbalen wie auch nonverbalen Kommunikationsverhalten. Es wird angestrebt, den Kindern ein vielfältigeres Repertoire von Ausdrucksmöglichkeiten zur Verfügung zu stellen und ihr Gespür für Stimmungen und Gefühle anderer Personen zu schulen. Eigene Gefühle können so besser differenziert und verbalisiert und Missverständnisse im zwischenmenschlichen Umgang eher vermieden werden.

Ziele

- Gefühle bei sich und bei anderen Personen unterscheiden, benennen und ausdrücken lernen

Stundenüberblick

1. **Eröffnung:** Lied singen („Ich habe einen Kopf")
2. **Entspannungsteil:** Fantasiereise durchführen
3. **Hauptthema:**
   – nonverbales Darstellen von Gefühlen
   – Emotionsblätter 3 und 4 ausfüllen und bearbeiten
4. **Gemeinsamer Abschluss:** Kärtchenspiel

Benötigtes Material

- Lied „Ich habe einen Kopf"
- Text Fantasiereise
- Verhaltensliste
- Spiegel
- Emotionsblätter 3 und 4 (KV 24 und 25)

Vorbereitungen

- Materialien in ausreichender Menge bereithalten
- eine Auswahl der auf den Emotionsblättern dargestellten Köpfe auf Kärtchen übertragen
- evtl. „Wortkärtchen" mit zusätzlichen Gefühlswörtern erstellen

Zusätzliche Aktivitäten

- Tausch von Gefühlen: Im Partnerspiel macht das eine Kind ein Gefühl vor, das andere Kind macht es nach. Danach werden die Rollen gewechselt.
- Gefühle werfen: Die Kinder sitzen im Kreis. Das erste Kind gibt vor, die Maske eines bestimmten Gefühls aufzusetzen, indem es sich mit einer Hand von oben nach unten über das Gesicht streicht und dabei seinen mimischen Ausdruck verändert. Nach einer Weile des Verharrens in diesem Ausdruck nimmt es das Gefühl wieder ab, indem es mit der Hand von unten nach oben über das Gesicht fährt. Danach wirft es das Gefühl einem anderen Kind zu, das seinerseits wieder genauso verfährt.

Methodische Anregungen

1. Eröffnung

Auch heute sollte zu Beginn der Stunde wieder das Lied *„Ich habe einen Kopf"* gesungen werden, um die Aufmerksamkeit der Kinder auf die Möglichkeit des nonverbalen Ausdrucks mit Hilfe des eigenen Körpers zu lenken. Wieder sollten die durch den Vertrag vereinbarten Regeln betont werden.

2. Entspannungsteil

Entsprechend dem Stundenritual wird danach eine Fantasiereise durchgeführt.

3. Hauptthema

Die Erarbeitung des heutigen Hauptthemas kann analog zum letzten Abschnitt geschehen: Knüpfen Sie an das in der letzten Stunde Gelernte an, indem Sie die Kinder bitten, nochmals verschiedene Gefühle, Zustände und Stimmungen nonverbal darzustellen. Als Anregung dafür dient die *Verhaltensliste* (s. S. 72 f.). Bei diesem Spiel können die Kinder wieder üben wichtige Signale der Körpersprache wahrzunehmen und sie bewusst zu entziffern. Günstig ist zudem, wenn sie ihre eigene Mimik und Gestik mit Hilfe von Spiegeln überprüfen und gegebenenfalls kontrollieren können.

Nun können auch die *Emotionsblätter 3 und 4* verteilt werden. Entsprechend der Bearbeitung der Emotionsblätter 1 und 2 können sich die Kinder die dargestellten Bilder zunächst anschauen und danach markieren, welches Bild ihren eigenen Gefühlen in einer solchen Situation am ehesten entsprechen würde. Anschließend kann sich wieder ein Austausch über diese Gefühle anschließen, während dessen die Kinder die Gefühle benennen und darstellen. Gleichzeitig erhalten sie so die Möglichkeit zu erkennen, dass verschiedene Personen in der gleichen Situation durchaus unterschiedliche Gefühle haben können. Beispielsweise ist der eine beim Anblick einer Spinne erschreckt, die andere erfreut. So wird der Perspektivenwechsel forciert und das differenzierte Bemerken von Gefühlen anderer Personen geschult.

4. Gemeinsamer Abschluss

Die Stunde kann mit dem Kärtchenspiel, das bereits im letzten Abschnitt erklärt wurde, ausklingen. Dabei geht es um das spielerische Darstellen von Gefühlen. Dafür ist es notwendig, im Vorfeld der Bearbeitung dieses Abschnittes die auf den Emotionsblättern dargestellten, vollständigen Köpfe auf Kärtchen zu übertragen. Während des Spiels zieht ein Kind ein Kärtchen, auf dem ein Kopf abgebildet ist, und macht dessen mimischen Ausdruck nach. Die anderen Kinder versuchen das Gefühl zu benennen. Das Kind, das richtig rät, zieht das nächste Kärtchen und stellt den nächsten Kopf dar.
Es können auch *„Wortkärtchen"* mit zusätzlichen Gefühlswörtern vorbereitet werden – z. B. „verzweifelt", „verbittert", „enttäuscht". Dadurch wird gleichzeitig der emotionsbezogene Wortschatz der Kinder erweitert.

2.13 Wenn ich Angst habe

Auf einen Blick

Dimension

Ausgeprägte Lebenskompetenz zeigt sich in diesem Bereich vor allem im effektiven Umgang mit belastenden Situationen. Die Kinder sollen eine größere Anzahl von wirksameren Strategien zum Umgang mit Stress und negativen Emotionen wie Angst und Ärger kennen lernen. In der Folge bedeutet dies, dass viele Situationen nicht mehr als Belastung, sondern vielmehr als Herausforderung angesehen werden.

Ziele

- Angst zugeben
- spielerisch die Notwendigkeit von Angst in manchen Situationen begreifen
- Angst als Herausforderung ansehen lernen

Stundenüberblick

1. **Eröffnung:** Lied singen bzw. hören („Starke Kinder")
2. **Besprechung der Hausaufgabe:** Detektivauftrag 4
3. **Entspannungsteil:** „Die Marionette"
4. **Hauptthema:**
   – Kreisgespräch zu „Wenn Sabine Angst hat"
5. **Hausaufgabe:** Detektivauftrag 5
6. **Gemeinsamer Abschluss:** „Die Löwenjagd"

Benötigtes Material

- Lied „Starke Kinder" (s. S. 41)
- evtl. Musikkassette oder CD
- Text „Die Marionette" (s. S. 49)
- Text „Wenn Sabine Angst hat" (s. S. 77)
- Spiel „Löwenjagd" (s. S. 78)
- Detektivauftrag 5 (KV 26)
- Knetmasse

Vorbereitungen

- die „Löwenjagd" einüben
- für diese Übung ist Platz nötig, Stühle und Tische müssen beiseite geräumt werden

Zusätzliche Aktivitäten

- grundsätzlich sind auch andere Entspannungsübungen denkbar
- die Kinder können Angst- und Entspannungsbilder malen und miteinander vergleichen
- andere kreative Umsetzungen der „Löwenjagd" ausprobieren
- Alternativvorschlag zur „Löwenjagd": „Die Raupe". Auf dem Schulhof, dem Sportplatz oder im Wald fassen sich die Kinder an den Schultern und schließen die Augen. Das vorderste Kind führt die anderen umher. Nachher wird besprochen, wo man wohl gewesen ist, wie man sich gefühlt hat, ob man z. B. Angst hatte zu stolpern, ob diese Angst berechtigt war etc. (vgl. Methodische Anregungen, Hauptthema).

Methodische Anregungen

1. Eröffnung

Zu Beginn des Abschnittes wird vorgeschlagen, das Lied *„Starke Kinder"* zu hören. Dieses Lied hat heute eine besondere Bedeutung, da im Laufe der Stunde deutlich werden sollte, dass stark sein nicht bedeutet keine Angst zu haben oder immer mutig zu sein.

2. Besprechung der Hausaufgabe

Die Besprechung des *Detektivauftrags 4* geschieht analog zu den Besprechungen zuvor. Es können Fragen wie „Warum war … (Name der beobachteten Person) an diesem Tag fröhlich bzw. traurig?", „In welcher Situation hast du es bemerkt?", „Hast du diese Aufgabe als leicht oder schwer empfunden?", „Was war in dieser Woche anders als sonst?".

3. Entspannungsteil

Entsprechend dem Stundenritual wird dann eine Entspannungsübung durchgeführt. Vorgeschlagen wird die Wiederholung der *„Marionette"* (s. S. 49), es sind jedoch auch andere Übungen möglich. Eine Fantasiereise ist in der heutigen Stunde nicht unbedingt anzuraten, da schon „Die Löwenjagd" die Fantasie der Kinder stark anspricht.

4. Hauptthema

Im Kreisgespräch wird mit der Erarbeitung des heutigen Themas begonnen. Günstig ist es, die Geschichte *„Wenn Sabine Angst hat"* (s. unten) vorzulesen und die Kinder schildern zu lassen, in welchen Situationen sie schon einmal Angst hatten, was sie tun, wenn sie Angst haben, und woran sie merken, wenn sie Angst haben. Am Ende des Gespräches sollte die Erkenntnis stehen, dass es ganz normal und auch wichtig ist vor manchen Dingen Angst zu haben. Auf der anderen Seite gibt es aber auch Sachen, vor denen man nicht weglaufen kann und „wo man dann durch muss".

Wenn Sabine Angst hat

Vorlese-Geschichte

Wenn Sabine Hunger hat,
dann sagt sie: Ich habe Hunger.
Wenn Sabine Durst hat,
dann sagt sie: Ich habe Durst.
Wenn Sabine Bauchweh hat,
dann sagt sie: Ich habe Bauchweh.
Dann bekommt sie zu essen,
zu trinken und auch
eine Wärmflasche auf den Bauch.

Und wenn Sabine Angst hat,
dann sagt sie nichts.
Und wenn Sabine traurig ist,
dann sagt sie nichts.
Und wenn Sabine böse ist,
dann sagt sie nichts.

Niemand weiß,
warum Sabine Angst hat.
Niemand weiß,
warum Sabine traurig ist.
Niemand weiß,
warum Sabine böse ist.
Niemand kann Sabine verstehen
und niemand kann Sabine helfen,
weil Sabine
nicht über Sabine spricht.

Marianne Kreft

(aus: Hans-Joachim Gelberg (Hrsg.): Überall und neben dir. Beltz Verlag, Weinheim u. Basel 1986, Programm Beltz & Gelberg, Weinheim)

5. Hausaufgabe

In der kommenden Woche sollte der *Detektivauftrag 5* mit dem Thema „Ich habe mich heute prima entspannt“ bearbeitet werden, um den Kindern erneut ihre Möglichkeiten zur Entspannung auch in angst- oder aggressionsauslösenden (vergl. auch 3.14) Situationen vor Augen zu führen. So kann die Entspannung langsam als wirksames Stressbewältigungsinstrument eingeführt werden.

6. Gemeinsamer Abschluss

Den Abschluss der heutigen Stunde bildet das Bewegungsspiel *„Die Löwenjagd“.*

Bewegungsspiel Löwenjagd

Bei diesem Spiel ist es wichtig anzukündigen, dass sich die Kinder gegenseitig nicht berühren dürfen. Die Kinder gehen zunächst im Kreis auf der Stelle. Die Lehrkraft spricht den jeweiligen Text vor, den die Kinder wiederholen. Außerdem machen sie auch Bewegungen nach, zu denen sie im Text aufgefordert werden.

1. Strophe:

Lehrkraft: Ich gehe auf die Löwenjagd
(dabei immer weiter auf der Stelle gehen).
Alle im Kreis wiederholen: Wir gehen auf die Löwenjagd.
Lehrkraft: Einen ganz Großen will ich fangen.
Alle: Einen ganz Großen wollen wir fangen.
Lehrkraft: Ich habe gar keine Angst.
Alle: Wir haben gar keine Angst.
Lehrkraft: Denn ich habe ein Gewehr *(beide Arme strecken, wie um ein Gewehr zu halten).*
Alle: Denn wir haben ein Gewehr.
Lehrkraft: Und ein Messer *(auf eine Tasche klopfen).*
Alle: Und ein Messer.
Lehrkraft: Was ist das? *(nach vorne zeigen).*
Alle: Was ist das?
Lehrkraft: Das ist Gras.
Alle: Das ist Gras.
Lehrkraft: Dichtes, hohes Gras.
Alle: Dichtes, hohes Gras.
Lehrkraft: Da kann ich nicht drüber *(entsprechende Armbewegung machen).*
Alle: Da kann ich nicht drüber.
Lehrkraft: Da kann ich nicht drunter *(entsprechende Armbewegung machen).*
Alle: Da kann ich nicht drunter.
Lehrkraft: Da muss ich durch *(nach vorn zeigen).*
Alle: Da muss ich durch.
Lehrkraft: Raschel, raschel, raschel, raschel usw.
Alle: Raschel, raschel, raschel, raschel usw.

(Die Lehrkraft geht geradeaus auf die andere Seite des Kreises, die Kinder tun dies auch. Sie heben dabei die Beine, als ob sie vorsichtig durch dichtes Gras marschierten, bis jedes auf der anderen Seite des Kreises angekommen ist.)

2. Strophe:

Lehrkraft: Ich gehe auf die Löwenjagd.
Wie 1. Strophe fortsetzen bis:
Was ist das?
Das ist Matsch.
Ekliger, glibbriger Matsch.

Da kann ich nicht drüber.
Da kann ich nicht drunter.
Da muss ich durch.

Plitsch, platsch, plitsch, platsch usw. *(dazu wieder Füße anheben).*

3. Strophe:
Wie 1. und 2. Strophe bis:
Das ist ein See.
Ein großer, tiefer See.

Da kann ich nicht drüber.
Da kann ich nicht drunter.
Da muss ich durch.

Schwimm, schwimm, schwimm, schwimm *(dazu Schwimmbewegungen).*

4. Strophe:
Wie 1. ,2. und 3. Strophe bis:
Das ist ein Dschungel.
Ein dichter, unheimlicher Dschungel.

Da kann ich nicht drüber.
Da kann ich nicht drunter.
Da muss ich durch.

Knack, knack, knack usw. *(dazu Bewegungen wie mit einem Buschmesser).*

5. Strophe:
Wie 1., 2., 3. und 4. Strophe bis:
Das ist eine Höhle.
Eine große, dunkle Höhle.
Da muss ich rein.
(Alle Kinder gehen in die Mitte, verdecken mit einer Hand die Augen und tasten vorsichtig nach vorn.)

Es ist so dunkel.
Was ist das?
Es ist warm.
Es hat ein Fell. *(Schrei)*
Es ist der Löwe.
Ich will nach Hause!

Zurück durch den Dschungel.
Zurück durch den See.
Zurück durch den Matsch.
Zurück durch das Gras.
(Dabei entsprechende Geräusche machen und durch den Kreis hin und her gehen.)

Zu Hause.
Tür auf *(knarrendes Geräusch).*
Tür zu. *(Bumm!)*
Ich krieche ins Bett.
Ich ziehe die Decke über den Kopf.
Doch morgen ...
... gehe ich wieder auf die Löwenjagd.

2.14 Wenn ich wütend bin – Wenn ich neidisch bin

Auf einen Blick

Dimension

Ausgeprägte Lebenskompetenz zeigt sich in diesem Bereich vor allem im effektiven Umgang mit belastenden Situationen. Die Kinder sollen eine größere Anzahl von wirksameren Strategien zum Umgang mit Stress und negativen Emotionen wie Angst und Ärger kennen lernen. In der Folge bedeutet dies, daß viele Situationen nicht mehr als Belastung, sondern vielmehr als Herausforderung angesehen werden.

Ziel

- angemessener Umgang mit negativen Gefühlen: Neid und Ärger

Stundenüberblick

1. **Eröffnung:** Lied singen bzw. hören („Starke Kinder")
2. **Entspannungsteil:** Fantasiereise
3. **Hauptthema:**
   – verbales und nonverbales Darstellen von Wut und Ärger
   – Kreisgespräch zur Thematik „Neid"
4. **Gemeinsamer Abschluss:** Phasenwechselspiel

Benötigtes Material

- Lied „Starke Kinder" (s. S. 41)
- evtl. Musikkassette oder CD
- Text Fantasiereise (s. S. 58)
- Spiel „Ich bin wütend" (s. S. 81)
- Die neuen Turnschuhe (KV 27a/b)

Vorbereitungen

- wenn die Kinder schon hinreichend bekannt sind, sollten möglichst die aggressiveren Kinder im Unterrichtsablauf berücksichtigt werden

Zusätzliche Aktivitäten

- die Kinder können Bilder, die ihre Wut darstellen, malen
- die Kinder können versuchen einen Streit mit Musikinstrumenten darzustellen
- die Kinder spielen Regelkampfspiele, die helfen, mit Aggressionen kontrolliert umzugehen, z.B. Ringkämpfe in der Turnhalle
- die Kinder spielen Zeitlupenkämpfe (setzt viel Körperbeherrschung voraus)

Methodische Anregungen

1. Eröffnung

Die heutige Stunde beginnt mit dem Hören des Liedes *„Starke Kinder"*. Dieses Lied hat auch für den heutigen Abschnitt eine besondere Bedeutung: Es wird deutlich, dass Stärke nicht gleichbedeutend mit Aggression und Einschüchterung ist.

2. Entspannungsteil

Entsprechend dem Stundenritual wird eine *Fantasiereise* (s. S. 58 ff.) durchgeführt.

3. Hauptthema

Es sollte ein Gespräch darüber geführt werden, was die Kinder wütend oder ärgerlich macht und was sie machen, wenn sie wütend oder ärgerlich sind. Günstig ist es, wenn diese Gefühle auch von Kindern pantomimisch dargestellt werden, damit die Kinder sehen, dass es unterschiedliche Arten gibt auf Wut zu reagieren.
Um den Umgang mit Wut zu erfahren, wird dann das Spiel *„Ich bin wütend"* durchgeführt. Dies dient wiederum dazu, diese Gefühle zunächst in einem spielerischen Kontext zu erfahren und gleichzeitig die motorische Bewegung als wirksames Mittel, mit Aggressionen umzugehen, zu bewerten.

Spiel
Ich bin wütend

Die Kinder stehen im Raum verteilt.

„Stell dir vor, du hast einen schlimmen Tag hinter dir: Jemand hat dich geärgert oder war ungerecht zu dir.
Vielleicht hättest du etwas erledigen sollen oder es ging um die Hausaufgaben oder vielleicht hast du dir etwas gewünscht, was du nicht bekommen hast.

Du fühlst dich überhaupt nicht verstanden. Und während du so dastehst mit deiner Riesenwut, merkst du, wie du wächst und stark wirst und ein richtiger Riese wirst mit einer Riesenwut. Und du ballst die Fäuste und stampfst umher und bist so wütend. Und du machst ein grimmiges Gesicht und trittst ganz fest auf, aber du berührst niemanden.

Und jetzt möchtest du Krach machen: du gehst zu einem Tisch oder Stuhl und trommelst darauf und du darfst auch dazu schreien. Dabei merkst du, wie die Wut aus dir hinausgeht. Und du wirst ruhiger und möchtest gar nicht mehr so wild trommeln oder herumstampfen. Deshalb gehst du nur noch auf Zehenspitzen und dann suchst du dir ein Plätzchen, auf dem du dich ausruhen kannst. Du setzt dich gemütlich hin, vielleicht schließt du deine Augen und denkst: ‚Wie gut, dass die Wut nun vorbei ist. Nun kann ich überlegen, was ich das nächste Mal besser machen kann'.

Und jetzt steht bitte alle wieder auf und geht auf eure Plätze zurück."

Als weitere negative Emotion soll im *Kreisgespräch* die Thematik *„Neid"* behandelt werden. Als Vorlage dazu dient die Comic-Zeichnung *„Die neuen Turnschuhe"*, in der sich Igor genauso tolle Schuhe wünscht wie sein Freund.

4. Gemeinsamer Abschluss

Dieser unterteilt sich heute in zwei Phasen. Ziel dieses *Phasenwechselspiels* ist das spielerische Erlernen der Kontrolle von Aggression und Wut. Dabei können die Kinder in der ersten Phase laut johlen, schreien und herumspringen. Wichtig ist es dabei, wieder die Regel einzuhalten, dass kein anderes Kind berührt werden darf. Auf ein Zeichen der Lehrkraft gilt es dann sich ruhig hinzusetzen und allein zu entspannen. Dieser Wechsel der Phasen kann nach Ermessen der Lehrkraft mehrfach wiederholt werden. Auf jeden Fall sollte der Abschnitt mit einer längeren ruhigen Phase enden.

2.15 Wenn Igor nicht weiter weiß

Auf einen Blick

Dimension

Die Fähigkeit zum Problemlösen zeigt sich in einer verbesserten Entscheidungsfindung. Probleme werden analysiert, konkrete Ziele gesetzt. Entscheidungsalternativen werden strukturiert gegeneinander abgewogen, Vor- und Nachteile differenziert und gewichtet.

Ziele

- spezifisches Problem erkennen und benennen
- erkennen, dass zunächst einmal nachgedacht werden muss, um ein Problem zu lösen
- kreatives Denken fördern

Stundenüberblick

1. **Eröffnung:** Lied singen („Ich habe einen Kopf")
2. **Besprechung der Hausaufgabe:** Detektivauftrag 5
3. **Entspannungsteil:** Fantasiereise durchführen
4. **Hauptthema:**
   - 1. Problemgeschichte: Igel-Geburtstag
   - Analyse auf dem Nachdenkstuhl
   - Stop-Schilder ausmalen
   - Alternativen suchen auf dem Lösungsstuhl
5. **Gemeinsamer Abschluss:** individuell eine Lösung auswählen

Benötigtes Material

- Lied „Ich habe einen Kopf" (s. S. 56)
- Text Fantasiereise
- Bild „Igel-Geburtstag" (KV 28)
- Igelblätter: „Nachdenkstuhl", „Stop-Schild", „Lösungsstuhl" (KV 29–31)
- Malstifte

Vorbereitungen

- Bild „Igel-Geburtstag" vergrößern und aufhängen oder per Overhead projizieren
- Igelblätter „Nachdenkstuhl" und „Lösungsstuhl" zu Plakaten vergrößern und über zwei Stühlen anbringen
- Igelblatt „Stop-Schild" in ausreichender Zahl kopieren

Zusätzliche Aktivitäten

- Igelkappen / Problemkappen basteln
- Igelgeschichten zeichnen
- Igel-Problemgeschichten erfinden und malen

Methodische Anregungen

1. Eröffnung

Zur Eröffnung des heutigen Abschnitts wird am besten das Lied *„Ich habe einen Kopf"* verwendet, um es noch weiter einzuüben. Anhand des Vertragsplakates, das immer noch gut sichtbar sein sollte, kann erneut nach den geltenden Regeln gefragt werden.

2. Besprechung der Hausaufgabe

Der *Detektivauftrag 5* kann auf dieselbe Art wie in Abschnitt 9 besprochen werden, d.h. wieder sollten Fragen gestellt werden wie „Wie hast du dich entspannt?", „Wann hast du ausgespannt?", „Wie hast du die Entspannung empfunden?", „Warum konntest du nicht ausspannen?"

3. Entspannungsteil

Danach erfolgt die Durchführung einer Fantasiereise (s. S. 58 ff.).

4. Hauptthema

Es wird zunächst die erste Igelgeschichte vorgestellt, die durch ein Bild illustriert ist (*Igel-Geburtstag* KV 28). Sinngemäß kann erklärt werden, dass ein Freund von Igor Igel seinen Geburtstag feiert und viele Igelkinder eingeladen hat. Igor ist aber als Einziger nicht eingeladen.

Danach werden im Raum zwei Stühle eingerichtet. Über dem einen hängt das Plakat des nachdenklichen Igels. Dies ist der *Nachdenkstuhl* (KV 29). Über dem anderen hängt das Plakat des Igels, der eine Idee hat. Dies ist der *Lösungsstuhl* (KV 30). Eine solche Anordnung veranschaulicht sehr gut die Trennung von Problem und Lösung. Es kann nun erklärt werden, dass erst einmal nachgedacht werden muss (hier: auf dem Nachdenkstuhl), bevor das Problem gelöst werden kann (hier: auf dem Lösungsstuhl).

Die Problemanalyse auf dem Nachdenkstuhl umfasst Fragen zu Ursachen und Begleitumständen für das Entstehen und die Aufrechterhaltung des problematischen Zustandes. Mögliche Fragen können beispielsweise lauten:

- Was ist passiert?
- Wie fühlt Igor sich jetzt?
- Wie würdest du dich jetzt fühlen?
- Welche Ursachen führten dazu, dass Igor sich jetzt so fühlt?
- Was hätte er besser machen können?
- Ist dir etwas Ähnliches schon einmal passiert?

Zur Beantwortung dieser Fragen sollen die Kinder jeweils auf dem Nachdenkstuhl Platz nehmen.

Am Ende der Problemanalyse sollte die Einsicht stehen, dass zur effektiven Lösung eines Problems erst einmal innegehalten und nachgedacht werden muss. Wenn dies den Kindern klar ist, kann jedes von ihnen ein *Stop-Schild* (KV 31) rot ausmalen. An das Stop-Schild kann es immer denken, wenn ein Problem auftritt.

Nach dieser gemeinsamen Aufgabe sollte die Einzelarbeit auf dem Lösungsstuhl begonnen werden. Auf die Frage *„Was kann Igor jetzt tun?"* sollen auf dem Lösungsstuhl möglichst viele Handlungsalternativen von den Kindern entwickelt werden. Dabei sollte auf eine Wertung der einzelnen Ideen weitestgehend verzichtet werden. Die Lehrkraft kann alle Ideen protokollieren. Ziel dieses Vorgehens ist es, herauszustellen, dass es mehr als eine Lösungsmöglichkeit gibt und dass jede Person die Möglichkeit hat, sich zwischen mehreren Alternativen zu entscheiden.

Um Zeit zu sparen und allen Kindern die Gelegenheit zu geben auf den Stühlen Platz zu nehmen, können auch mehrere Gruppen mit eigenen Stühlen gebildet werden.

5. Gemeinsamer Abschluss

Am Ende sollten möglichst alle Kinder nacheinander auf dem Lösungsstuhl Platz nehmen und die von ihnen präferierte Lösungsmöglichkeit nennen. Auch diese sollte möglichst wertfrei bleiben, damit deutlich wird, dass es nicht eine einzige richtige Lösung gibt, sondern dass diese vielmehr individuell verschieden ausfallen kann.

2.16 Igor denkt erst einmal nach

Auf einen Blick

Dimension

Die Fähigkeit zum Problemlösen zeigt sich in einer verbesserten Entscheidungsfindung. Probleme werden analysiert, konkrete Ziele gesetzt. Entscheidungsalternativen werden strukturiert gegeneinander abgewogen, Vor- und Nachteile differenziert und gewichtet.

Ziele

- spezifisches Problem erkennen und benennen
- erkennen, dass man erst einmal nachdenken muss, um Probleme lösen zu können
- Suche nach Lösungen unterstützen

Stundenüberblick

1. **Eröffnung:** Lied singen („Starke Kinder“)
2. **Entspannungsteil:** Fantasiereise durchführen
3. **Hauptthema:**
   – 2. Problemgeschichte: Igor muss aufräumen
   – Analyse auf dem Nachdenkstuhl
   – Stop-Schilder ausmalen
   – Alternativen suchen auf dem Lösungsstuhl
4. **Gemeinsamer Abschluss:** individuell eine Lösung auswählen
5. **Hausaufgabe:** Detektivauftrag 6

Benötigtes Material

- Lied „Starke Kinder“
- evtl. Musikkassette oder CD
- Text Fantasiereise (s. S. 58 ff.)
- Comic: „Igor muss aufräumen“ (KV 32 a/b)
- Igelblätter: „Nachdenkstuhl“, „Lösungsstuhl“ (KV 29 u. 30)
- bemalte „Stop-Schilder“ aus vorheriger Stunde (KV 31)
- Detektivauftrag 6 (KV 33)

Vorbereitungen

- Comic „Igor muss aufräumen“ vergrößern und aufhängen oder per Overhead projizieren
- vergrößerte Igelblätter „Nachdenkstuhl“ und „Lösungsstuhl“ über zwei Stühlen anbringen

Zusätzliche Aktivitäten

- Igelkappen / Problemkappen basteln
- Igelgeschichten zeichnen
- Igel-Problemgeschichten erfinden und malen

Methodische Anregungen

1. Eröffnung

Zur Eröffnung des heutigen Abschnitts wird am besten das Lied *„Starke Kinder"* verwendet, um auch den Bezug zu Problemlöse-Inhalten herzustellen.

2. Entspannungsteil

Danach erfolgt die Durchführung einer *Fantasiereise* (s. S. 58 ff.), die der im letzten Abschnitt erfolgten ähnlich sein sollte, damit die Kinder das Thema wiedererkennen. Kleinere Abwandlungen, wie die detaillierte Beschreibung eines anderen Kontinentes oder Staates, über dem der Ballon schwebt, können aber auch anregend sein und liegen im Ermessen der Lehrkraft.

3. Hauptthema

Heute wird zunächst die zweite Igelgeschichte *(Igor muss aufräumen)* vorgestellt. Den Kindern kann erläutert werden, dass Igor von seinem Vater ermahnt wird, nach dem Spielen die Spielsachen wieder aufzuräumen. Igor würde allerdings lieber fernsehen, weil gleich eine seiner Lieblingssendungen anfängt.
Danach werden wie im vorherigen Abschnitt im Raum zwei Stühle eingerichtet. Über dem einen hängt wieder das Plakat des nachdenklichen Igels. Dies ist der *Nachdenkstuhl.* Über dem anderen hängt das Plakat des Igels, der eine Idee hat. Dies ist der *Lösungsstuhl.* Eine solche Anordnung veranschaulicht sehr gut die Trennung von Problem und Lösung. Es kann nun erklärt werden, dass erst einmal nachgedacht werden muss (hier: auf dem Nachdenkstuhl), bevor das Problem gelöst werden kann (hier: auf dem Lösungsstuhl).
Die Problemanalyse auf dem Nachdenkstuhl umfasst Fragen zu Ursachen und Begleitumständen für das Entstehen und die Aufrechterhaltung des problematischen Zustandes. Mögliche Fragen können lauten:

- Was ist passiert?
- Wie fühlt Igor sich jetzt?
- Wie würdest du dich jetzt an Igors Stelle fühlen?
- Was hätte er besser machen können?
- Was will Igor erreichen?
- Ist dir etwas Ähnliches schon einmal passiert?

Am Ende der Problemanalyse sollte die Einsicht stehen, dass zur effektiven Lösung eines Problems erst einmal innegehalten und nachgedacht werden muss. Hierzu wird wieder das Stop-Schild verwendet.
Danach sollte die Arbeit auf dem Lösungsstuhl begonnen werden. Auf die Frage *„Was kann Igor jetzt tun?"* sollen auf dem Lösungsstuhl wieder möglichst viele Handlungsalternativen von den Kindern entwickelt werden. Dabei sollte auch heute auf eine Wertung der einzelnen Ideen weitestgehend verzichtet werden. Die Lehrkraft kann alle Ideen protokollieren. Ziel dieses Vorgehens ist es, herauszustellen, dass es mehr als eine Lösungsmöglichkeit gibt und dass jede Person die Möglichkeit hat, sich zwischen mehreren Alternativen zu entscheiden.
Um Zeit zu sparen und allen Kindern die Gelegenheit zu geben auf den Stühlen Platz zu nehmen, können auch mehrere Gruppen mit eigenen Stühlen gebildet werden.

4. Gemeinsamer Abschluss

Am Ende sollten alle Kinder nacheinander auf dem Lösungsstuhl Platz nehmen und die von ihnen präferierte Lösung nennen. Diese sollte nicht bewertet werden, damit deutlich wird, dass es verschiedenen Lösungen gibt.

5. Hausaufgabe

Am Ende des Abschnittes sollte der Detektivauftrag 6 „Heute habe ich an das Stop-Schild gedacht" verteilt werden. Dies ist der letzte Detektivauftrag der Unterrichtseinheit.

2.17 Da wusste Igor nicht weiter

Auf einen Blick

Dimension

Die Fähigkeit zum Problemlösen zeigt sich in einer verbesserten Entscheidungsfindung. Probleme werden analysiert, konkrete Ziele gesetzt. Entscheidungsalternativen werden strukturiert gegeneinander abgewogen, Vor- und Nachteile differenziert und gewichtet.

Ziele

- Fähigkeit zur Problemanalyse ausbauen
- Erkenntnis, dass erst einmal nachgedacht werden muss, bevor Probleme gelöst werden können
- Gelerntes auf alltägliche Probleme der Kinder übertragen

Stundenüberblick

1. **Eröffnung:** Morgenkreis
2. **Entspannungsteil:** Fantasiereise durchführen
3. **Hauptthema:**
   - 3. Problemgeschichte: Igor sucht seine Eltern
   - Analyse auf dem Nachdenkstuhl
   - Stop-Schilder ausmalen
   - Alternativen suchen auf dem Lösungsstuhl
4. **Gemeinsamer Abschluss:** individuell eine Lösung auswählen

Benötigtes Material

- Text „Fantasiereise" (s. S. 58 ff.)
- Bild „Igor sucht seine Eltern" (KV 34)
- Igelblätter: „Nachdenkstuhl", „Stop-Schild", „Lösungsstuhl" (KV 29–31)

Vorbereitungen

- Bild „Igor sucht seine Eltern" vergrößern und aufhängen oder per Overhead projizieren
- vergrößerte Igelblätter „Nachdenkstuhl" und „Lösungsstuhl" über zwei Stühlen anbringen

Zusätzliche Aktivitäten

- Igelkappen / Problemkappen basteln
- Igelgeschichten zeichnen
- andere Problemgeschichten erfinden, malen oder nachspielen

Methodische Anregungen

1. Eröffnung

Heute wird zur Eröffnung des Abschnittes der *Morgenkreis* gewählt. Als Thema kann die Frage: „Was habt ihr gestern Nachmittag gemacht?", aber auch ein anderes Thema gewählt werden. Anregungen zur Themenwahl sind in der Vorschlagsliste (s. S. 64) enthalten. Wichtig ist in jedem Fall, dass die Kinder über etwas Persönliches sprechen und die anderen jeweils zuhören. Dies kann durch einen *Erzählstein,* den das Kind, das an der Reihe ist, in Händen hält, unterstützt werden. Eventuell bieten die Themen einen guten Übergang zur heutigen Problemgeschichte (vgl. Hauptthema).

2. Entspannungsteil

Nachdem nochmals auf die Gruppenregeln hingewiesen wurde, wird eine *Fantasiereise* durchgeführt.
Sollten die bereits bekannten Reisen als langweilig empfunden werden, liegt es im Ermessen der Lehrkraft, neue Reisen einzuführen (siehe z.B. „Fantasiereisen im Unterricht", Doris Müller, Westermann, 1994).

3. Hauptthema

Heute geschieht die Erarbeitung des Themas analog zum vorherigen Abschnitt. Wieder werden der Nachdenk- und der Lösungsstuhl verwendet. In dieser Stunde wird die Geschichte *„Igor sucht seine Eltern"* bearbeitet. Igor ist mit seinen Eltern in ein großes Kaufhaus gegangen. Er hat sich die vielen Regale angeschaut und stellt plötzlich fest, dass er seine Eltern verloren hat.
Das Problem sollte analog zum letzten Abschnitt bearbeitet werden, damit die Kinder den Ablauf wiedererkennen und einüben können. Dies bedeutet, dass zunächst Fragen auf dem *Nachdenkstuhl* beantwortet werden sollen. Wenn die Kinder sich melden, um sich auf den Nachdenkstuhl zu setzen, können sie dies mit Hilfe des in der vorletzten Stunde bemalten *Stop-Schildes* tun. Dies unterstreicht zusätzlich die Notwendigkeit, dass erst einmal nachgedacht werden muss, bevor ein Problem gelöst werden kann. Außerdem stellt es den Bezug zur Hausaufgabe aus dem vorherigen Abschnitt her (Detektivbogen 6: Heute habe ich an das Stop-Schild gedacht) (KV 33). Danach schließt sich in gewohnter Weise die Ideengenerierung auf dem *Lösungsstuhl* an.

4. Gemeinsamer Abschluss

Nach dieser gründlichen Besprechung und Lösung des Problems nehmen die Kinder wieder nacheinander auf dem Lösungsstuhl Platz und nennen die von ihnen persönlich präferierte Lösung. Bitte machen Sie auch heute wieder deutlich, dass dies durchaus individuell verschieden sein kann, und lassen Sie darum die Antworten im Wesentlichen wertfrei.
Zusätzlich kann ein Gespräch über problematische Alltagssituationen geführt werden. Dies kann etwa mit der Frage: „Woran hat euch die Geschichte heute erinnert?" bzw. „Habt ihr schon einmal etwas Ähnliches erlebt?" forciert werden.

2.18 Wenn ich nicht mehr weiter weiß . . .

Auf einen Blick

Dimension

Die Fähigkeit zum Problemlösen zeigt sich in einer verbesserten Entscheidungsfindung. Probleme werden analysiert, konkrete Ziele gesetzt. Entscheidungsalternativen werden strukturiert gegeneinander abgewogen, Vor- und Nachteile differenziert und gewichtet.

Ziele

- Fähigkeit zur Problemanalyse im Alltag anwenden
- Erkenntnis, dass erst einmal nachgedacht werden muss, bevor Probleme gelöst werden können, anwenden
- Erkennen, dass es nicht nur eine einzige richtige Lösung gibt

Stundenüberblick

1. **Eröffnung:** „Starke Kinder“
2. **Besprechung der Hausaufgabe:** Detektivauftrag 6
3. **Entspannungsteil:** Fantasiereise durchführen
4. **Hauptthema:**
   - eigene Problemgeschichte
   - Analyse auf dem Nachdenkstuhl
   - Alternativen suchen auf dem Lösungsstuhl
   - im Puppenspiel verschiedene Lösungen nachspielen
5. **Gemeinsamer Abschluss**

Benötigtes Material

- Text „Fantasiereise“
- Igelblätter: „Nachdenkstuhl“, „Stop-Schild“, „Lösungsstuhl“ (KV 29–31)
- Finger- oder Handpuppen (KV 7)

Vorbereitungen

- Falls die „Igor Igel“-Finger- oder Handpuppen nicht bereits nach der 1. Unterrichtseinheit angefertigt wurden, sollten die Kinder nun zu dieser Stunde die zu Hause mit Hilfe der Eltern gebastelten Puppen mitbringen
- vergrößerte Igelblätter „Nachdenkstuhl“ und „Lösungsstuhl“ über zwei Stühlen anbringen

Zusätzliche Aktivitäten

- andere Problemgeschichten erfinden, malen oder nachspielen

Methodische Anregungen

1. Eröffnung

Es kann zwischen den Liedern „Starke Kinder" und „Ich habe einen Kopf" sowie dem Morgenkreis gewählt werden. Für den heutigen Abschnitt empfiehlt sich *„Starke Kinder"*, um wiederum den Bezug zur Unterrichtseinheit zu betonen und gleichzeitig diesen Abschnitt, in dem im Hauptteil schon sehr viel gesprochen wird, abwechslungsreich zu gestalten.

2. Besprechung der Hausaufgabe

Heute wird der *Detektivauftrag 6* „Heute habe ich an das Stop-Schild gedacht" besprochen. Mögliche strukturierende Fragen können sein: „Musstest du dich oft entscheiden?", „Was hast du getan, als du das Schild beachtet hast?" usw.
Eventuell ergibt sich aus der Besprechung der Hausaufgabe auch das heutige Hauptthema (s. u.).

3. Entspannungsteil

Auch heute wird eine *Fantasiereise* durchgeführt. Sie sollte thematisch den vorherigen gleichen, damit die Kinder die Entspannung als etwas Vertrautes, Ritualisiertes empfinden können.

4. Hauptthema

Puppenspiel

Im heutigen Hauptthema wird noch einmal an die vorherigen Stunden angeknüpft. Auch heute finden wieder der Nachdenk- und der Lösungsstuhl Verwendung. Allerdings haben die Kinder heute die Möglichkeit ein Problem aus ihrem eigenen Kontext mit Hilfe von *Finger- oder Handpuppen* vorzuspielen. Wahrscheinlich hat sich bei der Besprechung der Hausaufgabe schon ein Thema ergeben, mit dem beispielsweise mehrere Kinder konfrontiert waren oder das von vielen Kindern nach empfunden werden kann. Das Darstellen des Problems mit Hilfe des Puppenspiels hilft dabei, die Kinder mehr in das Geschehen zu involvieren, und bekräftigt sie, das in den vergangenen drei Abschnitten vermittelte Wissen aktiv auszuprobieren. Eine Übertragung auf den Alltag wird so wahrscheinlicher.
Die Finger- bzw. Handpuppe kann zunächst auf dem Nachdenkstuhl die Problemanalyse vornehmen, die Kinder können dann wie gewohnt auf dem Lösungsstuhl verschiedene Handlungsalternativen benennen. Danach können verschiedene Lösungen im Puppenspiel nachgespielt werden. Dafür bietet sich durchaus die Arbeit in kleinen Gruppen an, wobei mindestens zwei Kinder als Puppenspieler fungieren und mindestens ein Kind das Geschehen beobachtet. Wichtig ist es, nach einiger Zeit einen Rollenwechsel vorzunehmen, damit sich die Kinder in alle Beteiligten hineinversetzen.
Im Anschluss daran sollte ein Gespräch stattfinden, in dem erzählt wird, welche Gefühle die Puppen in ihren entsprechenden Rollen wohl empfunden haben, was leicht und was schwer zu spielen war, warum bestimmte Lösungen nicht erreicht wurden usw. Sollte eine solche Kleingruppenübung in Ihrer Klasse zu schwierig sein, kann dies auch exemplarisch mit nur einer Gruppe durchgeführt werden, in der der Rest der Klasse die Beobachterrolle einnimmt. Die Teilnahme der Lehrkraft im Spiel ist nur in Einzelfällen anzuraten, da sie sehr stark als Modell fungiert und so ihr Verhalten leicht als einzig richtiges Verhalten von den Kindern interpretiert werden könnte. Das Ziel des Abschnittes besteht aber gerade darin, dass die Kinder nicht unreflektiert die Meinung anderer übernehmen, sondern selbst die ihnen am besten erscheinende Lösung auswählen.

5. Gemeinsamer Abschluss

Die Auswahl einer individuellen Lösung kann im gemeinsamen Abschluss stattfinden. Ein Gespräch über andere problematische Alltagssituationen der Kinder sowie eine Zusammenfassung, wie man in Zukunft mit solchen Situationen umgehen will, sind ebenfalls machbar.

2.19 und 20 Das Igelfest

Auf einen Blick

Ziele

- einen gemeinsamen Abschluss der Unterrichtseinheit gestalten
- die Einstellung der Kinder zur Unterrichtseinheit erfragen
- bei den Kindern positive Assoziationen zur Unterrichtseinheit festigen
- den Transfer der erlernten Kompetenzen in den kindlichen Alltag anregen

Stundenüberblick

1. **Eröffnung:** Lied singen bzw. hören („Starke Kinder“)
2. **Entspannungsteil:** Fantasiereise
3. **Hauptthema:** Igel backen
   Liedbesprechung
4. **Gemeinsamer Abschluss:** Abschlussgespräch
5. **Ausblick:** Individueller Brief an jedes Kind

Benötigtes Material

- evtl. Musikkassette oder CD
- Text Fantasiereise
- Backrezepte (KV 35 und 36)
- Abschlussbriefe/Urkunden (s. S. 93)
- **Zutaten** (für ca. 80 Igel):
  ca. 2 kg Mehl
  ca. 1 kg Zucker
  ca. 1 kg Butter oder weiche Margarine
  4 Eier
  Mandelstifte, Rosinen, Schokoladensplitter etc. zum Verzieren
  Getränke
  Backofen, Küchengeräte, Putzutensilien

Vorbereitungen

- diese Stunde sollte in einer Küche stattfinden
- Rezepte bereithalten
- evtl. Eltern einladen

Zusätzliche Aktivitäten

- Igel aus Marzipanrohmasse herstellen
- Igelfamilie aus Knetmasse formen
- als Igel verkleiden, schminken
- *Igelrallye:* Die Kinder besuchen in kleinen Gruppen verschiedene Stationen, an denen sie bestimmte Aufgaben lösen sollen *(siehe 2. Vorschlag, S. 94)*.

Methodische Anregungen

1. Einleitung

Zur heutigen Abschlussfeier können evtl. auch interessierte *Eltern* eingeladen werden. Sie können sich so vor Ort von positiven Auswirkungen des Programms überzeugen und werden noch einmal aktiv einbezogen.
Zu Anfang kann noch einmal das Lied *„Starke Kinder"* gesungen werden. Eventuell tanzen die Kinder mit. Daraufhin kann deutlich gemacht werden, dass es sich um den letzten Abschnitt des Projektes handelt und deshalb heute eine Doppelstunde als krönender Abschluss vorgesehen ist.

2. Entspannungsteil

Es folgt die Durchführung einer *Fantasiereise*, die auch von den Kinder ausgewählt werden kann. Auch hier kann es sinnvoll sein, genauer zu erfragen, ob die Kinder über die Abschnitte hinweg eine Entwicklung bemerkt haben, was ihnen schwer und was ihnen leicht fiel, welche Geschichte ihnen am besten gefallen hat usw.

3. Hauptthema

Heute wird eine *Abschlussfeier* veranstaltet. Dazu können zunächst aus Teig Igel in allen Größen von den Kindern geformt und mit Mandelstiften oder Schokoladensplittern als Stacheln und Rosinen als Augen und Nase verziert werden. Die Zutaten sind für vier Gruppen von Kindern, die jeweils ein Rezept erhalten, bemessen. Jede Gruppe kann so ca. 20 Igel formen. Diese werden anschließend gebacken. Während des Backens kann aufgeräumt sowie der Tisch gedeckt oder der Raum „igelig" geschmückt werden. Es kann auch Musik gehört und getanzt werden. Wenn die Igel fertig gebacken und abgekühlt sind, können sie gekostet werden. Dazu gibt es Getränke, z. B. Kakao. Nun kann auch noch einmal das Lied der Unterrichtseinheit gehört werden. Eine *Besprechung* des Inhaltes kann sich ebenfalls anschließen.

4. Gemeinsamer Abschluss

Im gemeinsamen Abschluss sollte auf jeden Fall ein *Gespräch* stattfinden. Es sollte darüber diskutiert werden, wie den Kindern die Unterrichtseinheit insgesamt gefallen hat, welche Teile sie für besonders interessant, welche für langweilig gehalten haben.

Gespräch

Auch können Abmachungen darüber getroffen werden, wann die Kinder in Zukunft das Gelernte umsetzen werden. Wieder kann thematisiert werden, was ihnen dann leicht und was schwer fallen würde. Wenn die Vorstellungen der Kinder darüber konkret genug sind, kann es auch sinnvoll sein, diese Abmachungen erneut schriftlich zu fixieren und einen ähnlichen Vertrag wie im ersten Abschnitt für die Zukunft zu schließen.
Wenn bestimmte Spiele und Übungen den Kindern besonders gut gefallen haben, können diese jetzt auch noch einmal wiederholt werden.
Somit dient der gemeinsame Abschluss der Stunde vor allem der Rekapitulation der gesamten Inhalte der Einheit. Wenn dies in einem entspannten Kontext bei Kakao und Keksen geschieht, wird dies dazu beitragen, dass den Kindern die Unterrichtseinheit noch stärker in guter Erinnerung bleibt.

5. Ausblick

Um die weitere Einübung der in der Unterrichtseinheit erlernten Kompetenzen auch in Zukunft zu fördern, ist es sinnvoll, wenn die Lehrkraft für jedes Kind einen *individuellen Brief* verfasst, in dem sie sich für die aktive Mitarbeit während der vergangenen Abschnitte bedankt und einen konkreten Wunsch für die Zukunft dieses speziellen Kindes formuliert. Dieser Wunsch sollte sich auf ein Lernziel des Programms beziehen, das das Kind mittelgut beherrscht. Als Beispiel ist im Anhang ein solcher Brief vorgeschlagen, der sich an ein Kind richtet, das die Entspannungsübungen während der Unterrichtseinheit zwar als ein wirksames Mittel, mit seinen Ängsten umzugehen, entdeckte, diese aber bisher nur sehr unregelmäßig anwendet. Dieser Brief kann auch in Form einer Urkunde verfasst werden.

Brief an die Kinder

Liebe(r) . . .,

erst einmal möchte ich mich ganz herzlich bei dir bedanken, dass du zwanzig Stunden lang an den Igel-Stunden teilgenommen hast. Mir hat besonders gut gefallen, dass du die vielen neuen Spiele gerne ausprobiert und anschließend immer deine Meinung gesagt hast, wie sie dir gefallen haben. Außerdem fand ich es prima, dass du nach und nach die Entspannungsübungen immer besser konntest.

Ich wünsche mir, dass du die Fantasiereisen auch weiterhin durchführst. Dann kannst du bestimmt mit schwierigen und beängstigenden Sachen besonders gut umgehen.

Viel Glück für die Zukunft wünscht dir

Igor Igel

2.19 und 20 Igelrallye

Auf einen Blick

Ziele

- einen gemeinsamen Abschluss der Unterrichtseinheit gestalten
- die Einstellung der Kinder zur Unterrichtseinheit erfragen
- bei den Kindern positive Assoziationen zur Unterrichtseinheit festigen
- den Transfer der erlernten Kompetenzen in den kindlichen Alltag anregen

Stundenüberblick

1. **Eröffnung:** Lied singen bzw. hören („Starke Kinder")
2. **Entspannungsteil:** Fantasiereise
3. **Hauptthema:** Igelrallye
   Liedbesprechung
4. **Gemeinsamer Abschluss:** Abschlussgespräch
5. **Ausblick:** Individueller Brief an jedes Kind

Benötigtes Material

- Lied „Starke Kinder"
- evtl. Musikkassette oder CD
- Text Fantasiereise
- Material zum Bau der Stationen
- Protokollbogen (KV 37)
- Abschlussbriefe/Urkunden (s. S. 93)
- Kakao und Kekse

Vorbereitungen

- diese Stunde kann auch im Freien stattfinden
- Briefe / Urkunden für jedes Kind individuell gestalten
- Materialien in ausreichender Menge bereithalten

Zusätzliche Aktivitäten

- Igelpuppen bauen
- Igelfamilie aus Knetmasse formen
- als Igel verkleiden, schminken
- Igel backen (siehe 1. Vorschlag, S. 91 f.)

Methodische Anregungen

1. Einleitung

Zur heutigen Abschlussfeier können evtl. auch interessierte *Eltern* eingeladen werden. Sie können sich so vor Ort von positiven Auswirkungen des Programms überzeugen und werden auch noch einmal aktiv einbezogen.
Zu Anfang kann noch einmal das Lied *„Starke Kinder"* gesungen werden. Eventuell tanzen die Kinder mit. Daraufhin kann deutlich gemacht werden, dass es sich um den letzten Abschnitt des Projektes handelt und deshalb heute eine Doppelstunde als krönender Abschluss vorgesehen ist.

2. Entspannungsteil

Es folgt die Durchführung einer *Fantasiereise*. Auch hier kann es sinnvoll sein, genauer zu erfragen, ob die Kinder über die Abschnitte hinweg eine Entwicklung bemerkt haben, was ihnen schwer und was ihnen leicht fiel, welche Geschichte ihnen am besten gefallen hat usw.

3. Hauptthema

Heute wird eine *Igelrallye* veranstaltet. Dies kann im Klassenraum, in der Turnhalle oder auf dem Schulhof geschehen. Die Kinder teilen sich in vier Gruppen, die wieder ein gemeinsames Merkmal aufweisen sollten. Der Raum bzw. Schulhof wird in vier Zonen unterteilt. In jeder Zone wird eine Station eingerichtet, wo unterschiedliche Aufgaben erledigt werden sollen.

Beschreibung der Stationen

- *Collage: Unsere Gruppe*

Material

- Tische, die zu einer Arbeitsfläche zusammengestellt werden
- große Plakate
- Klebstoff, Wolle, Stoffe, Papier, Zeitung, Scheren, Malstifte etc.

Vorbereitung

Die Tische zu einer großen Arbeitsfläche zusammenstellen. Vorhandene Bastelmaterialien auf diesem Tisch anbieten.

Durchführung

Auf dem Plakat stellt jedes Kind jeder Gruppe eine besondere Eigenschaft oder ein besonderes Interesse von sich dar.
Dies können lange blonde Haare aus gelber Wolle sein, ein gemaltes Bildchen vom eigenen Hund, ein gemalter Fußball, ein ausgeschnittenes Bild, das das Lieblingshobby symbolisiert, etc. Alle Plakate aller Gruppen können später zu einem großen zusammengeklebt werden, das dann einen Sonderplatz im Klassenraum erhält.

- *Problemlösungen*

Material

- Nachdenkstuhl / Lösungsstuhl
- Problemgeschichte / Comic

Vorbereitung

Nachdenk- und Lösungsstuhl einrichten, Comic bereithalten

Durchführung

Diese Aufgabe soll selbstständig analog zu den Abschnitten 3. 15 bis 18 durchgeführt werden. Die Kinder betrachten zunächst die Problemgeschichte, setzen sich dann selbstständig auf Nachdenk- und Lösungsstuhl. Am Ende setzt sich jedes Kind noch einmal auf den Lösungsstuhl und nennt seine persönliche Lösung.

- *Emotionen raten*

Material

- Emotionskärtchen / Wortkärtchen

Vorbereitungen

Emotionskärtchen herstellen. Dafür die im Anhang von Abschnitt 3.11 aufgeführten vollständigen Köpfe auf Kärtchen übertragen. Es können auch zusätzliche Wortkärtchen erstellt werden (siehe Abschnitt 3.12).

Durchführung

Analog zu den Abschnitten 3.11 und 3.12 zieht das erste Kind eine Karte, schaut sich das Bild an und versucht den dargestellten Gesichtsausdruck bzw. die aufgeschriebene Emotion nachzumachen. Die anderen Kinder der Gruppe versuchen die so dargestellte Emotion zu erraten. Das Kind, das in den Augen des darstellenden

Kindes die Emotion richtig benennt, zieht das nächste Kärtchen. Wenn bereits alle Kärtchen durchgegangen sind oder wenn diese zu einfach erscheinen, können sich die Kinder auch eigene Gesichtsausdrücke vormachen und erraten.

- *Zeitlupenkämpfe*

Material

- Trillerpfeifen
- Stoppuhren

Vorbereitung

Diese Station benötigt am meisten Platz und sollte deshalb in der Mitte des Raumes durchgeführt werden.

Durchführung

Zwei Kinder sind die Kämpfer, die anderen die Schiedsrichter. Das Kämpferpaar geht auf Kommando langsam aufeinander zu und führt einen Kampf aus. Dies geschieht alles in Zeitlupe und ohne sich wirklich verletzen zu wollen. Ziel ist es, möglichst langsam zu kämpfen. Geht ein Kämpfer zu schnell oder brutal vor, können die Schiedsrichter mit Hilfe der Trillerpfeife eingreifen. Nach einer Minute wechseln Kämpfer und Schiedsrichter die Rollen.

Nachdem die einzelnen Stationen erklärt wurden, geht jede Gruppe zu einer Station und hat eine Weile Zeit die Aufgabe zu bearbeiten. Auf dem Protokollbogen (KV 37) können die Kinder ankreuzen, welche Station sie schon bewältigt haben. Danach wird zur nächsten Station gewechselt, bis jede Gruppe jede Station einmal aufgesucht hat. Sollten Eltern eingeladen worden sein, können diese als Stationsleiter fungieren.

4. Gemeinsamer Abschluss

Abschlussgespräch

Im gemeinsamen Abschluss sollte auf jeden Fall ein *Gespräch* stattfinden. Es sollte darüber diskutiert werden, wie den Kindern die Unterrichtseinheit insgesamt gefallen hat, welche Teile sie für besonders interessant, welche für langweilig gehalten haben.

Auch können Abmachungen darüber getroffen werden, wann die Kinder in Zukunft das Gelernte umsetzen werden. Wieder kann thematisiert werden, was ihnen dann leicht und was schwer fallen würde. Es kann auch sinnvoll sein, diese Abmachungen erneut schriftlich zu fixieren und einen ähnlichen Vertrag wie im ersten Abschnitt für die Zukunft zu schließen.

Wenn bestimmte Spiele und Übungen den Kindern besonders gut gefallen haben, können diese jetzt auch noch einmal wiederholt werden.

Somit dient der gemeinsame Abschluss der Stunde vor allem der Rekapitulation der gesamten Inhalte der Einheit. Wenn dies in einem entspannten Kontext bei Kakao und Keksen geschieht, wird dies dazu beitragen, dass den Kindern die Unterrichtseinheit noch stärker in guter Erinnerung bleibt.

5. Ausblick

Um die weitere Einübung der erlernten Kompetenzen auch in Zukunft zu fördern, ist es sinnvoll, für jedes Kind einen *individuellen Brief* zu verfassen, in dem sich die Lehrkraft für die aktive Mitarbeit bedankt und einen konkreten Wunsch für die Zukunft dieses speziellen Kindes formuliert. Dieser Wunsch sollte sich auf ein Lernziel des Programms beziehen, das das Kind mittelgut beherrscht. Als Beispiel ist auf Seite 93 ein solcher Brief vorgeschlagen, der sich an ein Kind richtet, das die Entspannungsübungen während der Unterrichtseinheit zwar als ein wirksames Mittel, mit seinen Ängsten umzugehen, entdeckte, diese aber bisher nur sehr unregelmäßig anwendet. Dieser Brief kann auch in Form einer Urkunde verfasst werden.

Kopiervorlagen

Ich lache niemanden während unserer Übungen aus.

Ich spiele leise in der Gruppe. So verstehen sich alle Kinder gut.

Ich melde mich, wenn ich mitmachen möchte.

Ich passe genau auf, was die anderen Kinder sagen und tun.

Bei der Entspannung bin ich ruhig.

Igel-Vertrag

Wir halten uns an die Regeln:

Bastelvorlage für „Igor Igel“ – Finger oder Handpuppe

Du brauchst:

- Stoff in zwei verschiedenen Farben (Filz)
- Knöpfe oder Perlen
- Watte zum Ausstopfen

Dies ist das
Ich-Buch
von

Was ich gerne tue

Was ich nicht so gerne tue

Das ist meine Familie

Meine Telefonnummer:

So wohne ich

Unser Haus:

Meine Adresse:

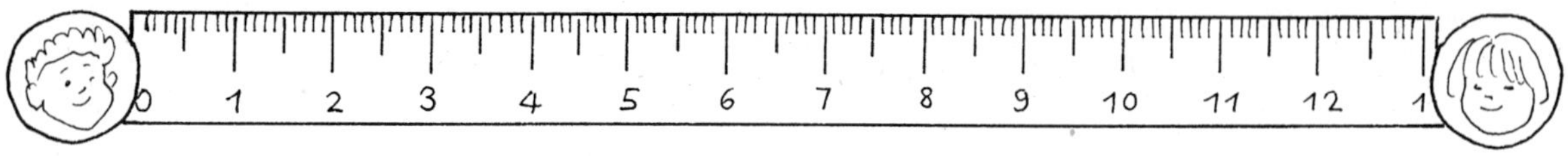

Ich messe mich

So dick bin ich:

_____________ cm

So groß bin ich:

_____________ cm

Meine linke Hand

Ich lege meine linke Hand auf dieses Blatt.
Nun nehme ich einen Bleistift und umfahre
alle meine Finger.

Mein rechter Fuß

Ich stelle meinen rechten Fuß auf dieses Blatt.
Nun nehme ich einen Bleistift und umrande
meinen Fuß.

Detektivauftrag 1

Ich heiße ______________________________

und bin mein eigener Detektiv.

Heute habe ich etwas Tolles geschafft!

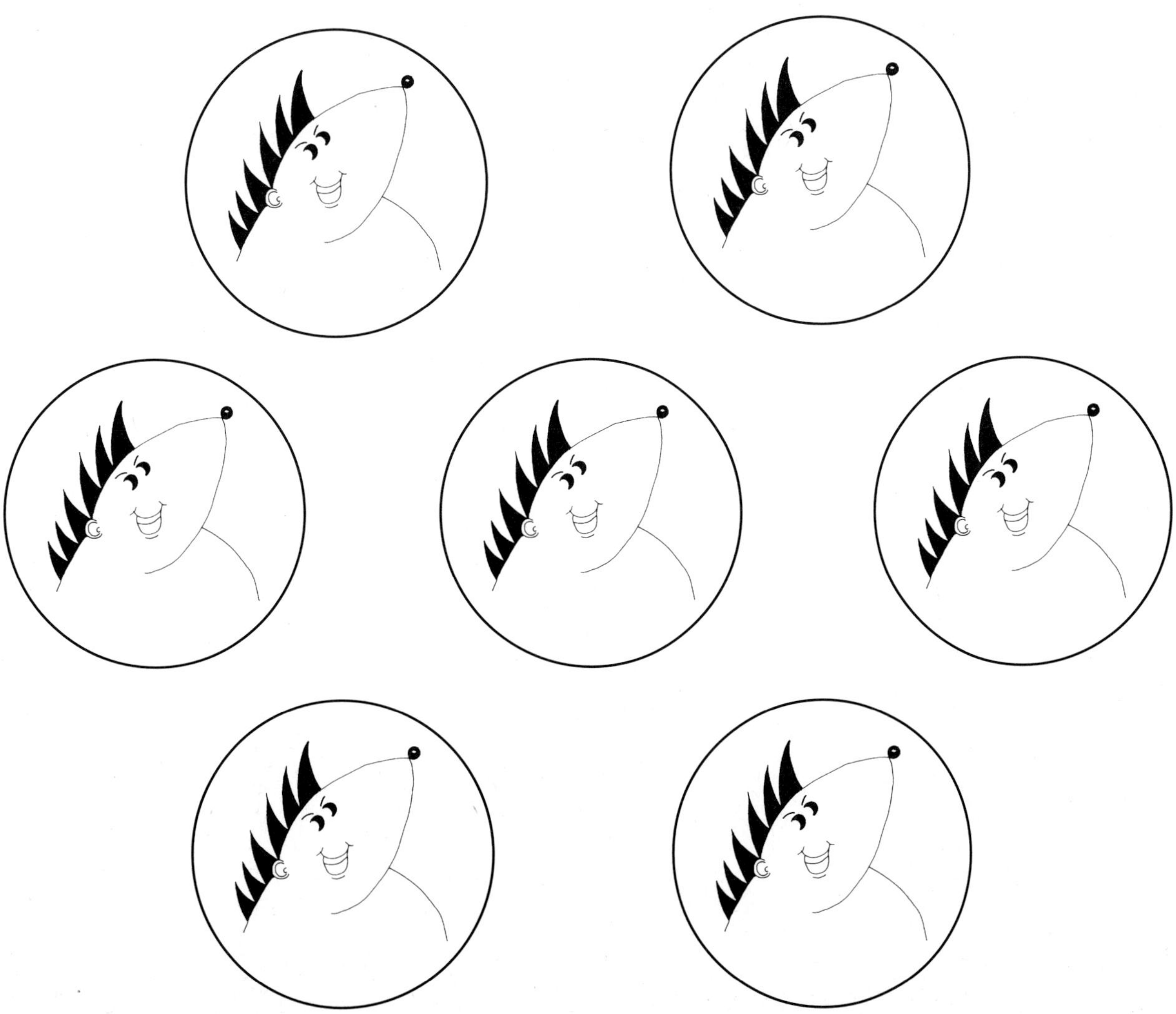

Detektivauftrag 2

Ich heiße ______________________________

und bin mein eigener Detektiv.

Ich habe mich heute prima entspannt.

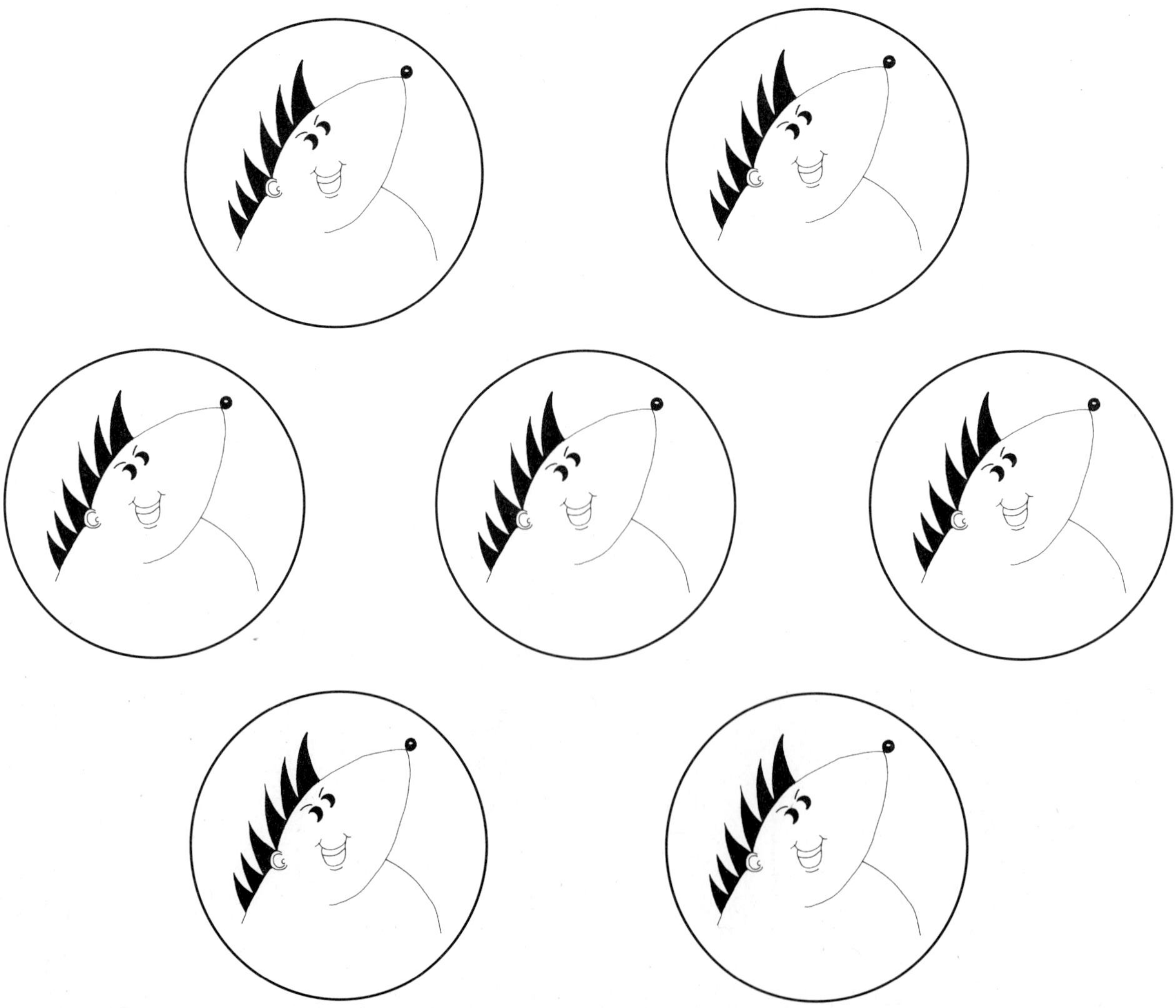

Wie spreche ich richtig?

1. Ich schaue meinen Partner beim Sprechen an.

2. Ich spreche langsam und ruhig.

3. Ich spreche laut und deutlich.

Wie höre ich aufmerksam zu?

1. Ich schaue meinen Partner beim Zuhören an.

2. Ich frage nach, wenn ich etwas nicht verstehe.

3. Ich lasse meinen Partner ausreden.

Detektivauftrag 3

Ich heiße ______________________________

und bin mein eigener Detektiv.

Ich habe heute mindestens

einmal diese Regel angewendet:

____

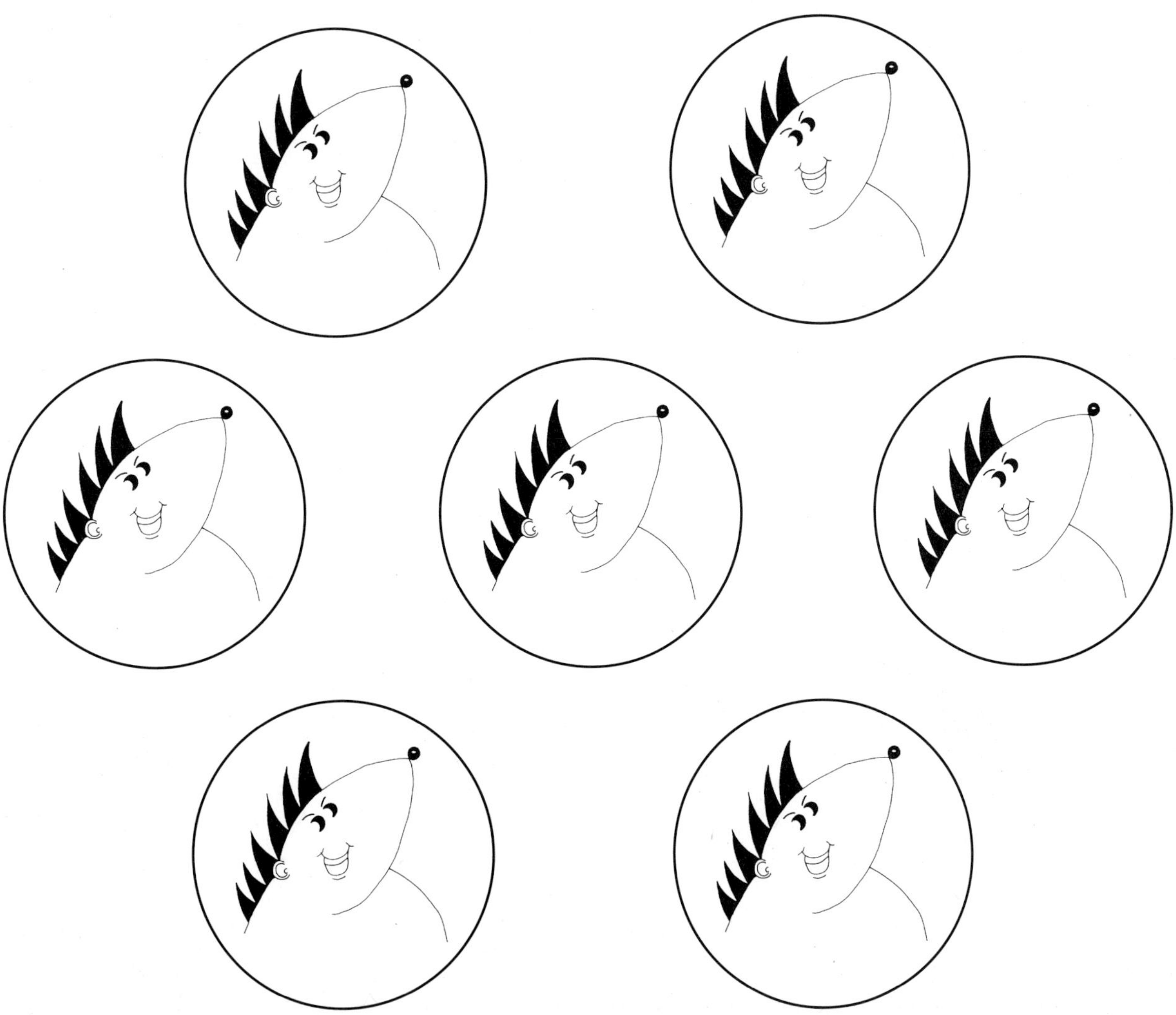

Detektivauftrag 4

Ich heiße ______________________________

und bin mein eigener Detektiv.

Heute habe ich bemerkt, dass

____

traurig oder fröhlich war.

Detektivauftrag 5

Ich heiße ______________________________

und bin mein eigener Detektiv.

Ich habe mich heute prima entspannt.

Die neuen Turnschuhe

Igor ist nicht eingeladen

Nachdenkstuhl

Lösungsstuhl

Stop-Schild

Igor muss aufräumen

Detektivauftrag 6

Ich heiße ______________________________

und bin mein eigener Detektiv.

Heute habe ich an das Stop-Schild gedacht.

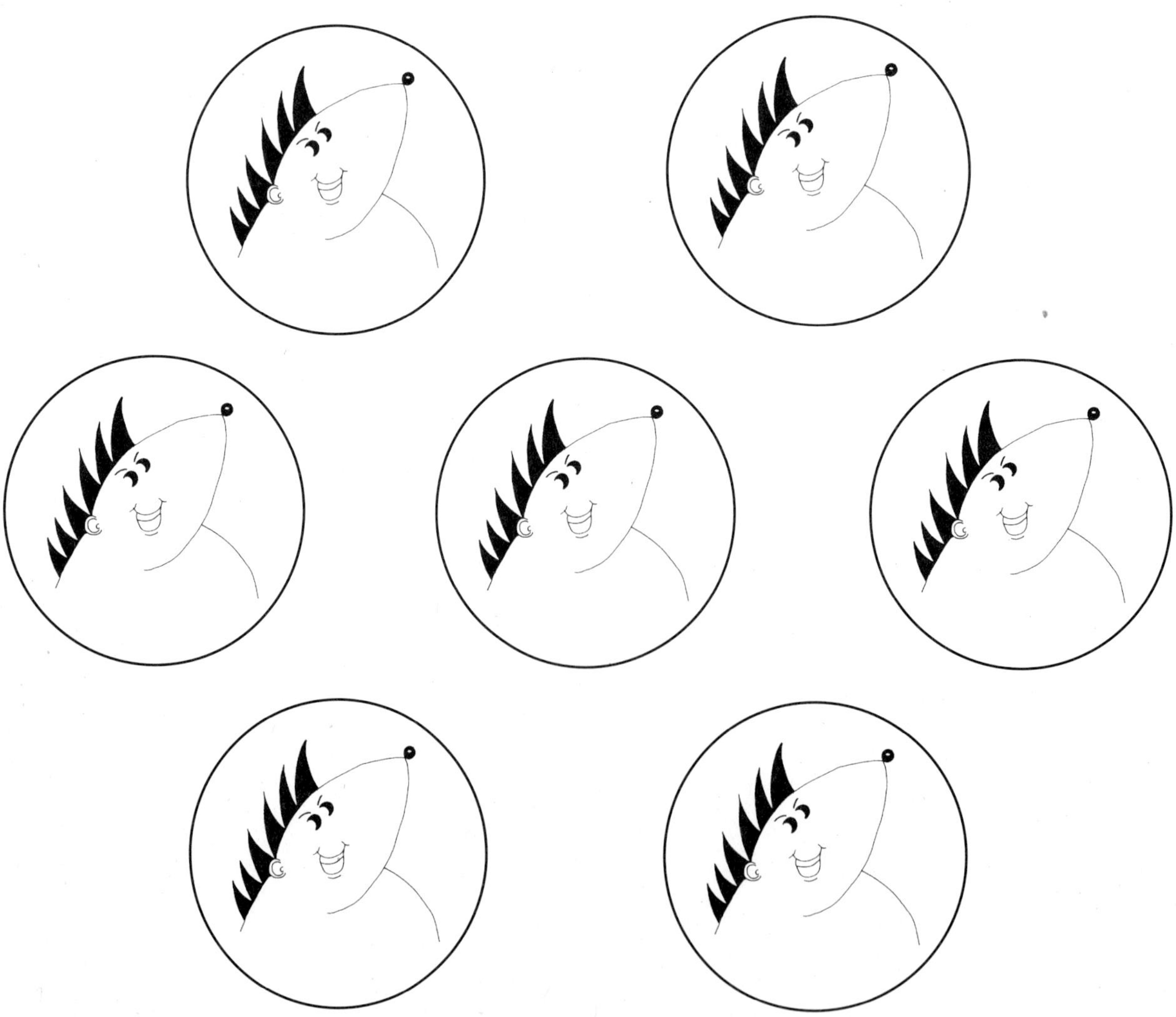

Igor sucht seine Eltern

Zutaten für Igors Knabber-Igel

4 Tassen Mehl

1 Tasse Zucker

1 Paket Butter
oder ein halbes Pfund Margarine

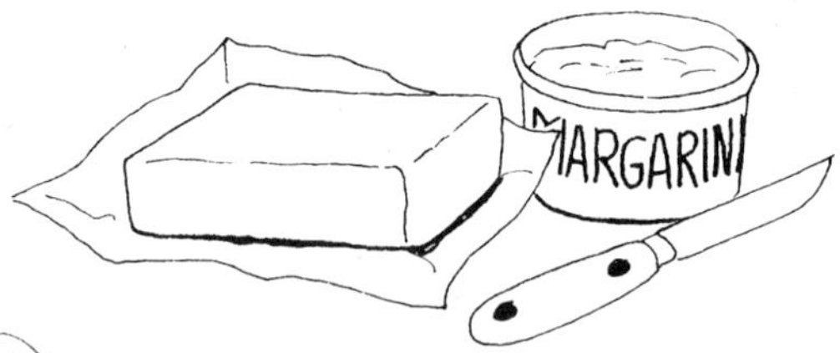

1 Ei

Rosinen

Mandelstifte

1 Rührschüssel, 1 Tasse

Backanleitung für Igors Knabber-Igel

Gib das Mehl, den Zucker,
die Butter und das Ei
in die Rührschüssel.

Verknete alles gut.

Lass den Teig 30 Minuten ruhen.

Teile den Teig in 20 Portionen.

Drücke Rosinen als Augen
und Nase hinein.
Drücke Mandelstifte als Stacheln
hinein.

Lege alle Igel auf ein Backblech,
schiebe es in den Backofen
und lass die Igel eine halbe
Stunde bei 200 Grad backen.

Protokollbogen

Station	Diese Aufgabe habe ich gemacht und sie hat mir Spaß gemacht.
Collage: Unsere Gruppe 	
Problemlösen 	
Emotionen raten 	
Zeitlupenkampf